Anya Stössel

SPRACHMAGIE

Die Macht der Worte

für Merlin

Herausgeber:
Merlin-Versand
naaranya@hotmail.com

Erstauflage: April 2008
Sechste Auflage: Oktober 2022

Satz und Layout: Jan Holey
Umschlaggestaltung: Amadeus Holey

ISBN: 978-3-00-035616-2

INHALTSVERZEICHNIS

Teil 3 - Praktische Anwendung:

VORWORT

Bei den ersten Anläufen, mit Freunden über die Sprachmagie zu sprechen, stellte ich schnell fest, dass meine Ausführungen zwar eine sehr große Faszination erzeugten, dass aber das Verständnis für das, was die Sprachmagie ausmacht oder für die Zukunft der Menschheit bedeutet, zu dem Zeitpunkt noch fehlte.

Erst wollte ich alles einfach wieder vergessen, doch stattdessen schrieb ich dieses Buch - ein Buch für alle, die sich der Schöpfungskraft der Sprache beziehungsweise Worte bewusst sind oder darüber Bescheid wissen wollen und lernen wollen, ihre Wünsche genau auszudrücken! Dies ist ein Buch für alle, die wissen wollen, wie sie ihr Leben nach ihren Vorstellungen gestalten können!

Ein positives Buch über ein Thema, das alle betrifft - sogar weltweit. Ein Buch, dessen Wissen beziehungsweise Inhalt den Leser befreit und sein Leben angenehmer macht. Ein Buch über ein Thema, zu dem es - wenn überhaupt - bisher nur verschwindend wenig Literatur gibt: Sprachmagie - Die Macht der Worte!

Es war eine grenzenlose Freude, dieses Buch zu schreiben. Ich wünsche mir sehr, dass es Ihnen ebenso viel Freude beim Lesen bereitet!

EINLEITUNG

Jeder weiß, wie sehr Worte unser Leben beeinflussen, und schon oft verursachte nur ein einziges Wort verheerende Folgen...

Für viele Menschen ist Sprache beziehungsweise Reden etwas Selbstverständliches, worüber man sich kaum Gedanken macht. Bestenfalls versucht man hier und da „höflicher" (gegebenenfalls auch „unhöflicher") zu sein als gewöhnlich, doch das war es bei den meisten auch schon, was die bewusste Auswahl ihrer Formulierung betrifft.

Einer der größten Meister meiner persönlichen Entwicklung und Bewusstwerdung ist Thomas D., der Prinz der Poeten, dessen Weisheiten mich und meinen Lebensweg nun seit vielen, vielen Jahren beeinflussen. Er lehrte mich eine tiefe Weisheit - wofür ich ihm auf ewig dankbar bin –, die den Kern dieses Buches bildet und den Beginn einer wunderbaren Forschungsreise in die Welt der Sprache auslöste, welche auf ganz natürliche Weise mit einer machtvollen Bewusstwerdung einherging. Thomas sagte damals bei einem Treffen bei ihm zu Hause auf dem Lande ganz locker und mehr oder weniger nebenbei (sinngemäß!) etwa Folgendes: *„Verneinende Worte wie „kein", „nicht" oder gar „nie" und ähnliche sollte man vermeiden, weil dann der Fokus auf dem liegt, was man nicht will!"*

Darauf hatte ich seit Jahren gewartet. Schon vor langer Zeit hatte ich zum ersten Mal gehört oder gelesen, dass man solche „negativen" Worte (also Negativformulierungen) vermeiden sollte, da sie „energetisch nicht wirken" würden, allerdings konnte ich mit dieser Erklärung damals wenig anfangen. Endlich hatte ich nun verstanden, *warum* diese Worte „energetisch nicht wirken"...

Das Ganze hatte mit den kleinen Worten selbst herzlich wenig zu tun, vielmehr mit der Angewohnheit der meisten Menschen - zumindest in den westlichen Ländern, aber vermutlich ebenso anderswo –, nahezu alle ihre Wünsche in negativer Form auszudrücken. Vermutlich liegt dies an innewohnenden Ängsten oder möglicherweise auch einfach an der Gehirnwäsche durch eine Gesellschaft voll von Versicherungen, einschüchternden Religionen, schlechten Nachrichten, noch schlechteren Fernsehprogrammen und zahlreichen anderen Angst-Einpräge-Organisationen.

Damals sah ich plötzlich die Welt mit anderen Augen beziehungsweise hörte sie mit anderen Ohren, und ich erkannte, wie viel Leid der Mensch sich aufbürdet, nur weil er (meist aus unnötiger Angst) stets über das redet und nachdenkt, was er *nicht* will, statt sich auf das zu konzentrieren, was er will! (Zum Thema Angst später mehr!) Die meisten Menschen haben sich regelrecht daran gewöhnt, in dieser Weise zu denken und zu reden, beziehungsweise sie haben die Sprache und damit die Angewohnheit ihrer Eltern und Erzieher übernommen. Dermaßen tiefsitzende Angewohnheiten in Frage zu stellen, erfordert vom Einzelnen eine Menge Bewusstsein. Ob nun durch die Erziehung im Elternhaus, die Gehirnwäsche der Medien oder was auch immer verursacht, spätestens mit diesen Zeilen und Seiten wird uns dieses Programm bewusst, und wir entdecken die Macht, die Energien zu unseren Gunsten zu ändern!

Ganz gleich, wo diese „schlechte Angewohnheit" herrührt, Fakt ist, dass jeder hier und jetzt etwas dafür tun kann, ein sinnvolleres Schicksal zu kreieren - und gleichzeitig macht es auch sehr viel Spaß, sich selbst und auch anderen einmal ganz genau zuzuhören. Schnell merkt man, was der unbewusste Redner so alles von sich gibt. Die Palette der unbewusst benutzten Redewendungen reicht von lustig (*„Du gehst mir auf den Wecker!", „Ich stehe auf dem Schlauch!", „Der hat mir ein Kotelett ans Ohr gelabert!"...*) bis erschreckend (*„Hals- und Beinbruch!", „Ich lach mich tot!"...*).

In dem vorliegenden Buch werden verneinende Worte und Formulierungen beziehungsweise deren Anwendung zusammengefasst als Negativformulierung bezeichnet. Anhand von Beispielen wird verdeutlicht, was Negativformulierungen bewirken, wie und warum. Hierbei werden auch die kosmischen Gesetze Kausalitätsgesetz (Ursache und Wirkung) und Resonanzgesetz (alles kommt zurück) beleuchtet, die sehr wichtig sind, um die Funktionsweise der Sprachmagie zu verstehen.

Damit Sie mich richtig verstehen, möchte ich betonen, dass die Bezeichnungen „negativ" und „positiv" ausschließlich subjektiv verwendet werden - und zwar in unserem Fall im Hinblick auf das, was wir ausdrücken wollen –, da sie stets eine subjektive Sicht repräsentieren. Objektiv gesehen gibt es solche Begriffe (ebenso: gut/schlecht, schön/hässlich und ähnliche) natürlich nicht. Ein niedriger Preis beispielsweise ist „positiv" für den Käufer, aus der Sicht des Verkäufers durchaus eher „negativ". Der eine redet vom „guten" Wetter, während dem anderen das Weizenfeld vertrocknet. Der eine sieht eine „schöne" Farbe (oder Frau), dem anderen schmerzen die Augen beim Hinsehen, und er guckt lieber schnell weg... - und so ist es mit allem! Alles ist eine Frage der Sichtweise und mitunter auch eine Frage der Einstellung! Doch mehr dazu später...

Im Verlauf des Buches werden die wichtigen beziehungsweise häufig verwendeten „magischen Worte" wie „nicht", „kein" oder gar „nie" und viele andere intensiv behandelt. „Magische Worte" werden so genannt, weil sie in Anbetracht der Energie einer Aussage sehr oft das Gegenteil dessen bewirken und „ausdrücken", was der Redende ursprünglich beabsichtigte, oder zumindest etwas anderes, da diese Worte meist unbewusst benutzt werden.

Auch ein „Wörterbuch" wurde zusammengestellt, das besonders dem Anfänger als Unterstützung auf dem Weg zur Meisterschaft der Sprachmagie dienen soll. Diese Liste - die keinesfalls den Anspruch auf Vollständigkeit erhebt und gerne erweitert werden will - enthält weitere „magische Worte". Im Verlauf des Buches werden wir sehen, was es mit diesen „magischen Worten" auf sich hat und warum deren unbewusste Verwendung so verheerende Folgen haben kann.

Im Buch werden verschiedene kurze Texte „übersetzt" und von Negativformulierung in Positivformulierung übertragen, um das Verständnis für die Prinzipien der Sprachmagie zu vertiefen und zu verdeutlichen, wie einfach es ist, die Dinge positiv auszudrücken. Dies schafft - so ganz nebenbei - auch reichlich positive Energie in unserem Magnetfeld, was sich natürlich resonanzmäßig ebenfalls auf andere Bereiche des Lebens sehr angenehm auswirkt.

Das Wissen in diesem Buch öffnet jedem Leser die Augen! Nach der Lektüre dieses Buches haben Sie die Fähigkeit entwickelt, sich selbst bewusst zuzuhören - und natürlich auch allen anderen - und deutlicher als je zuvor zu sehen, wie jeder Mensch sein Schicksal gestaltet. Leider wird aber auch viel zu viel Schicksal missgestaltet - und das zumeist unbewusst -, wobei dieses Buch wunderbar Abhilfe schaffen kann. Wenn Ihnen also bei einem Ihrer Freunde auffällt, dass er sich durch fortwährende Negativformulierung und somit zugleich Fehlprogrammierung immer weiter ins Unglück hineinsteigert, dann teilen Sie Ihr Wissen, dafür schrieb ich es nieder - dafür ist es da! Vorausgesetzt, dass Sie lernen, Ihre Worte bewusst zu formulieren, sind Sie schon bald ein Meister der Sprachmagie und damit auch bewusster Meister über Ihr eigenes Schicksal!

Mein Vater sagte als ich klein war oft zu mir: *„Erst denken, dann reden!"* Als Kind konnte ich damit wenig anfangen, und ich bin bis heute im Unklaren darüber, wie er das genau gemeint hatte. Es war und ist allerdings auch unwichtig. Fakt ist, dass im Laufe meiner Arbeit mit der Sprachmagie immer wieder dieser Satz in meinem Kopf herumspukt und mich sinnvollerweise daran erinnert, bewusst zu formulieren. Endlich kann ich diesen Spruch meines Vaters als eine der größten Weisheiten meines Lebens anwenden!

Sprachmagie bedeutet: bewusst formulieren! Es ist die bewusste Anwendung von Worten im Wissen um deren Energie beziehungsweise Wirkung im energetischen Bereich zum bewussten Schaffen von Realität! Wir alle erschaffen unentwegt Realität durch unsere Worte und auch durch unsere Gedanken, die unsere Worte bestimmen - und damit ebenso unsere eigene „Bestimmung"! Es ist also durchaus sinnvoll, diese Energie und Macht bewusst und im Sinne unserer Vorstellungen - und zwar unserer angenehmen und wünschenswerten!!! - zu gebrauchen!

Zugegeben, es erfordert ein bisschen Übung und es dauert seine Zeit, doch ist es ein äußerst angenehmer Erkenntnisprozess, bei dem wir fortwährend Fortschritte machen, von denen jeder uns der Realisierung unserer Wunschvorstellungen mindestens einen Schritt näher bringt. Ein äußerst lohnendes Lernen also! Und so günstig! Wir brauchen lediglich unseren gesunden Menschenverstand und unser Bewusstsein! Sollte hier auch der eine oder andere den Einwand oder auch Eindruck haben, dies sei für einige Menschen eventuell gar nicht so „günstig", da ihnen genau dies fehlt, so bleibt der Trost: Das sind sehr wenige! Außerdem ist das Bewusstsein zu unbeschreiblich schneller Entwicklung fähig, wenn die entsprechenden Impulse es erst aktivieren... In jedem Fall ist es keine Frage des Preises! Jeder kann sich dieses Wissen leisten.

Bei Magie handelt es sich üblicherweise um die bewusste Anwendung von Naturgesetzen, die vielen Menschen unbekannt sind, weshalb sie entsprechende Ereignisse als Magie bezeichnen. Sprachmagie ist eine Form von Energie, mit der alle Menschen weltweit arbeiten. Das klingt soweit ganz nett, Problem dabei ist allerdings, dass die meisten Menschen mit dieser „Waffe" oder auch „Macht der Sprache" auf sehr unbewusste Art und Weise umgehen, weshalb sie sich selbst ebenso wie anderen um sich herum und der ganzen Welt (vor allem in ihrer Summe) erheblichen Schaden zufügen. Das ist das Problem oder anders betrachtet die Herausforderung, vor der wir stehen!

Nun handelt es sich bei dieser Waffe um eine unsichtbare Waffe, ganz anders als ein Messer beispielsweise. Wenn man ein Messer falsch handhabt und damit Schaden anrichtet (statt damit Sinnvolleres zu tun wie zum Beispiel für ein Kind einen Apfel klein zu schneiden), dann merkt man das relativ schnell. Anders ist es mit der Macht der Worte. Wie abgefeuerte Handgranaten - jedoch unsichtbar! - schwirren die Energien der unbewusst losgeschickten Worte durch die Atmosphäre und richten Schaden an, wo immer sie auf Resonanz treffen. Natürlich bestehen dazwischen auch Unmengen von Liebesenergien, die ebenfalls ihren Weg machen und mit ihresgleichen in Resonanz treten. Diese sind allerdings für jedermann angenehm, ob bewusst oder unbewusst gesandt, und können daher hier unbeachtet bleiben.

Hier geht es darum, den Umgang mit Worten und Sprache im Allgemeinen bewusster zu gestalten, daher kümmern wir uns hier um die sogenannten unbewussten Schwarzmagier und verwandeln gemeinsam im Laufe dieses Buches symbolisch einen unbewussten Schwarzmagier in einen bewussten Weißmagier. Wie bei jeder anderen Magie auch gibt es ebenso im Bereich der Sprachmagie Weißmagier und Schwarzmagier, wobei diese beiden Begriffe generell lediglich auf die Art der Anwendung ein und derselben Macht hinweisen. Weißmagier symbolisieren die liebevolle Anwendung ihrer Macht, während Schwarzmagier ihre Macht vorzugsweise egoistisch und gewissenlos einsetzen. Natürlich gibt es auch in diesem Bereich bewusste Schwarzmagier und unbewusste Weißmagier, doch sind zumindest letztere eher selten und hier kaum von Belang.

Wichtig ist zu wissen, dass wir alle - ganz gleich, ob wir das nun wollen oder nicht - fortwährend (beim Denken oder Reden) mit diesem Werkzeug „Sprache“ arbeiten. Mit diesem Werkzeug schöpfen wir pausenlos und bewirken so unser Schicksal. Es ist Zeit, dass wir lernen, dieses Werkzeug - diese Macht - bewusst, sinnvoll und vor allem verantwortungsvoll anzuwenden!

Teil 1

Sprachmagie

WIR ALLE SIND SCHÖPFER!

Wir alle sind Schöpfer! Schöpfersein bedeutet Macht! Vorsicht: Macht beinhaltet Verantwortung!

Alles, was in unserer materiellen Welt existiert, also für uns sichtbar ist, entstand ursprünglich aus einem Gedanken! Jedes Haus, jeder Tisch, jedes Bild, ja sogar jedes Kind - also jeder von uns - entstand anfänglich durch einen Gedanken. Dem ersten Gedanken folgen weitere, bis schließlich ein Entschluss zur Tat gefasst wird. Dies ist die schöpferische Phase, die Zeit der „Einfälle" und „Eingebungen", in welcher der Geist das Denken weitestgehend unbewusst beeinflusst und so seinen Weg Richtung Materie fortsetzt. Die Planungsphase ist sozusagen abgeschlossen, und die Realisierung wird vorangetrieben.

Weitere Gedanken - diese werden jetzt schon bewusster gedacht - werden formuliert zu Worten, welche im entsprechenden Moment und beim entsprechenden Gegenüber - insofern sie sinnvoll formuliert sind - dementsprechend Gewünschtes bewirken. Dies kann die Mithilfe bei einem Projekt, eine Erlaubnis oder Baugenehmigung, finanzielle Unterstützung und vieles andere betreffen. Erzeugt wird das Wort als Laut (Mundstellung), durch den die Gedanken mit Druck (ausatmen) aus dem Körper befördert werden. Die Intensität des Drucks ist ebenfalls bedeutend und wird wiederum von den Emotionen bestimmt, die mit den entsprechenden Gedanken einhergehen.

Die Auswahl der Worte hat nun in der Wechselwirkung mit dem Gesprächspartner eine erhebliche Bedeutung. Jeder kennt das von Vorstellungsgesprächen, Wohnungsbesichtigungen und anderen Anlässen. Worte wirken sich in großem Maße auf unser Leben aus - und das betrifft alle Bereiche der Sprache. Wer hier weiterdenkt, kann mir leicht folgen.

Nahezu jeder Text - ganz gleich, ob gesprochen, geschrieben oder auch geschrien - soll beim Empfänger eine ganz bestimmte Wirkung hervorrufen, genau wie bei einer Wohnungsbesichtigung. Durch unsere Worte beeinflussen wir die Realität und schöpfen unser eigenes Schicksal. Dem, der dies begriffen hat, ist es ein inneres Bedürfnis, zum einen die Mechanismen dieser Vorgänge zu verstehen und zum anderen diese offensichtlich steuerbaren Energien bewusst und für das eigene Leben sinnvoll zu lenken.

Durch unser Bewusstsein entscheiden wir, wie wir die Dinge sehen, wie wir bestimmte Umstände bewerten und dementsprechend empfinden. Haben wir das erst einmal verinnerlicht, wird schnell klar, dass ein jeder selbst die Verantwortung dafür trägt, wie er sich fühlt. Allerdings geht unser Schöpfersein erheblich weiter. Mit jedem Wissen, das unser Bewusstsein erweitert und stärkt, bekommen wir auch Zugang zu mehr Macht.

Die Macht der Sprachmagie wird schon von Kindesbeinen an angewendet und selten als solche erkannt. Das führt dazu, dass Millionen beziehungsweise Milliarden von Menschen mit einer Kraft arbeiten, deren sinnvolle Anwendung beziehungsweise deren Wirkungsweise ihnen unbekannt ist. Was diese vielen, vielen Schöpfer alles so zustande bringen, kann man sich leicht vorstellen beziehungsweise auch am Zustand der Welt deutlich sehen. Für viele ist die Vorstellung, dass sie selbst Teil der Schöpfung und sogar Teil des Schöpfers sind, noch fremd und ein völlig neuer Gedanke.

Redewendungen wie *„Was habe ich nun wieder getan?"* oder *„Womit habe ich das verdient?"* weisen jedoch sehr deutlich darauf hin, dass der Mensch durchaus Einfluss auf sein Schicksal hat und folglich ein schöpferisches Wesen ist - gleich ob bewusst oder unbewusst.

Deutliches und klares Formulieren ist äußerst hilfreich bei jeder Form der Kommunikation mittels Sprache, da alle Energien deutlich auf das gerichtet sind, was wir ausdrücken wollen, und so der entsprechende Leser, Zuhörer oder Gesprächspartner ebenso deutlich begreifen kann, was wir meinen.

KOSMISCHE GESETZE

Das Wissen um die kosmischen Gesetze ist Voraussetzung, um die Prinzipien der Sprachmagie verstehen zu können. Die kosmischen Gesetze, auch geistige Gesetze genannt, bilden das ordnende Prinzip, nach dem die geistige Welt, die Welt der Energien, funktioniert. Für die Prinzipien der Sprachmagie sind im Wesentlichen zwei geistige Gesetze von Belang, weshalb wir hier ausschließlich diese beleuchten: das Kausalitätsgesetz und das Resonanzgesetz!

Inzwischen ist bekannt, dass jeder Gedanke und auch jedes Wort aus Energie besteht, und es ist ebenso bekannt und mittlerweile sogar wissenschaftlich erwiesen, dass Energie unzerstörbar ist und stets erhalten bleibt - sie kann sich lediglich umwandeln und ihre Form verändern, bleibt aber Energie. Der Japaner Masaru Emoto hat mit seinen Untersuchungen nachgewiesen, dass Energie (Gedanken und Worte) die lebendige Materie formt und sich die Struktur von Wasser durch Gedankenkraft ändert. (masaru-emoto.net) Wir Menschen bestehen größtenteils aus Wasser!

Unsere Gedanken und Worte - sprich unsere Energien -, die wir aussenden, bewirken also irgend etwas: Wir schöpfen! Hierbei handelt es sich um das Kausalitätsgesetz, das Gesetz von Ursache und Wirkung. Jede Ursache verursacht beziehungsweise bewirkt eine Wirkung, jeder Wirkung liegt eine Ursache zugrunde! Daher existiert auch keinerlei „Zufall"! Doch was bewirken wir? Um das zu verstehen, betrachten wir ein zweites kosmisches Gesetz, das Resonanzgesetz.

Resonanz ist die Reaktion einer Schwingung auf ihre eigene Frequenz, nämlich Anziehung. Anders ausgedrückt: Gleiches zieht Gleiches an!

Die Qualität der von uns ausgesandten Energie in Form von Gedanken und Worten entspricht also der Qualität jener Energie, die uns zufließt! Lesen Sie diesen Satz ruhig mehrmals, er ist ausgesprochen wichtig! Mein Lieblingsbeispiel, um diesen Vorgang zu verdeutlichen, ist folgendes: Beobachten Sie die Reaktion der Menschen auf der Straße auf Ihre Ausstrahlung. Schenken Sie der ersten Person, die Ihnen begegnet Ihr freundlichstes strahlendes Lächeln - und Sie werden sehen: Mit einer Trefferquote von sagen wir etwa 99% wird (mindestens) diese Person Sie ebenfalls anlächeln.

Nun machen Sie den Gegenversuch (aber besser weniger oft!), und machen Sie ein ärgerliches oder auch arrogantes Gesicht. Wieder werden Sie feststellen, dass die zurück-klingende Energie der Qualität der von Ihnen losgesandten entspricht. Und so ist das mit allem! Jeder Gedanke und jedes Wort bestimmt Ihr Schicksal! Genauso wie Freude (lächeln, lachen und so weiter) hat auch Angst eine „ansteckende" Wirkung. Vielleicht kennen Sie so Situationen, in denen einer den anderen ängstlich ansieht und fragt: „Hast Du da auch gerade dieses merkwürdige Geräusch gehört?" - und man beginnt darüber nachzudenken, ob es Grund zur Beunruhigung gibt...

Genau wie mein Vater („Erst denken, dann reden!"), gab mir auch meine Mutter ihre Weisheit mit auf den Weg. *„Du trägst für alles, was Du tust, die Konsequenzen!"*, sagte sie oft - sehr oft! Zugegeben, als Kind konnte ich auch hiermit wenig anfangen und verstand dies mehr als Strafandrohung, denn als gutgemeinten Rat. Dennoch lernte ich durch diese für Kinder meiner Meinung nach ungeeignete Formulierung das Gesetz von Ursache und Wirkung kennen, wofür ich meiner Mutter sehr dankbar bin! Dieses Wissen hilft mir sehr. Ein Kind begreift wahrscheinlich besser so etwas wie: „Alles kommt zurück!"

Da das Verstehen und Verinnerlichen dieser kosmischen Gesetze so entscheidend ist, möchte ich abschließend noch einige zusätzliche Erklärungen anführen. Sie stammen aus dem Buch „Hände weg von diesem Buch!"[1], welches auch die Beschreibung weiterer geistiger Gesetze enthält:

„So wie die physische Welt ihre Gesetze hat, so hat auch die feinstoffliche Welt die ihren. Wir sprechen von sogenannten „geistigen" oder „kosmischen Gesetzen". Das Wort *Kosmos* kommt aus dem Griechischen und bedeutet *Ordnung*. Wir leben also in einer Ordnung beziehungsweise sind Teil einer Ordnung. Und eine Ordnung unterliegt Gesetzmäßigkeiten, sonst wäre es keine Ordnung. Dann wäre es ein *Chaos*, das ist auch griechisch und heißt auf deutsch *Unordnung*. Wir sind also Teil der Ordnung und ihrer Gesetze. [...]

Kausalitätsgesetz (das Gesetz des Karmas)
Es ist das Gesetz von *Ursache und Wirkung*. Wir können es auch durch den Satz ausdrücken: *„Was man sät, das erntet man"* oder für Materialisten und Atheisten: *„Wie man in den Wald hineinruft, so hallt es zurück."* Nach dem Gesetz des Säens und Erntens werden wir, wenn wir Destruktives säen, auch Destruktives ernten. Säen wir Ärger und Hass, werden wir auch diesen ernten. Pflanzen wir Weizen in die Erde, werden wir hundertprozentig auch Weizen bekommen und keinen Roggen. Und je nachdem, wie wir unsere Saat pflegen und ihr Aufmerksamkeit schenken, desto besser und größer wächst sie, egal welche Saat es ist.

Man nennt dieses Gesetz auch das *Gesetz des Ausgleichs* oder auch das *Gesetz des Karmas* (sanskrit *„karma"*: *die Tat*, wird aber auch als *Weg des Dienens* übersetzt). Es beruht darauf, dass wir Menschen ein richtiges Verhalten nach den göttlich-geistigen Gesetzen offenbar nur dadurch erlernen können, indem wir genau das, was wir anderen Lebewesen angetan haben, zu einem späteren Zeitpunkt selbst zu spüren bekommen. Das ist keineswegs eine Bestrafung, wie dies oft von Kritikern oder Unwissenden gesehen wird. Es dient vielmehr der seelischen Reifung durch Erkennen und Begreifen in der Erfahrung. Dieses Gesetz sorgt dafür, dass jeder Mensch (oder genauer: jede Seele) so lange mit dem gleichen Problem konfrontiert wird, bis er dieses gelöst hat. Hierdurch wird jeder Gedanke, jedes Gefühl und jede Tat unsterblich und kommt wie ein Bumerang auf uns zurück. Es fordert vom Menschen die volle Verantwortung für sein Schicksal. [...]

Das Gesetz der Resonanz (lateinisch *„resonare"*: *zurück-klingen*)
Sowohl der Mensch als auch die geistige Welt unterliegen, wie die Stimmgabel oder ein Radioempfänger, dem *Gesetz der Resonanz*. Ein Empfänger, der auf UKW eingestellt ist, kann keine Mittelwelle oder Langwelle empfangen. Beim Menschen ist es das Gleiche. Ist eine Person aggressiv und hasserfüllt, ist sie für Liebe nicht empfänglich. Jeder kann nur die Bereiche der Wirklichkeit wahrnehmen, mit denen er in Resonanz schwingt. Die Aussage *„Jeder sieht nur das, was er sehen will"* beziehungsweise *„Die Umwelt ist ein Spiegel Deiner selbst"* beruht darauf.

Unser Umfeld wird uns immer das präsentieren, was wir selber ausstrahlen. Lügen wir, werden wir belogen werden. Sind wir ängstlich, werden wir mit unseren Ängsten konfrontiert werden. Sind wir in der Resonanz von Liebe, werden wir diese anziehen. Leben wir in Freude, werden wir auch immer etwas finden, worüber wir uns freuen können. Das nennt man *Resonanzfähigkeit.* Ändern wir unsere Sichtweise, wird uns das unser Umfeld als Spiegel ebenfalls zeigen. [...]"

WAS IST SPRACHMAGIE?

Sprachmagie ist die Lehre beziehungsweise das Wissen um die Energie der Sprache und Wirkungsweise der Worte.

Das Geheimnis der Sprachmagie ist es, sich auf das zu konzentrieren, also den Fokus auf das zu richten, was man will! Das klingt ganz einfach - ist es auch, mit ein wenig Übung! Achten wir darauf, wie wir beim täglichen Reden die Dinge formulieren - zugegeben, anfänglich ist es wesentlich einfacher, anderen genau zuzuhören -, stellen wir schnell fest, dass es in unserer Sprache von Negativformulierungen nur so wimmelt. Beinahe jeder Satz enthält solche Negativformulierungen. Wir sind es gewohnt, nahezu alles „negativ" auszudrücken.

Meistens benutzen wir die wenigen Formulierungen ohne Verneinung dann auch noch, wenn ausnahmsweise mal eine Negativformulierung nützlicher wäre. Beispielsweise sagen wir „Ich bin krank." statt „Ich bin nicht gesund." - in diesem Falle ist die zweite, „negative" Formulierung energetisch immer noch besser als die erste, wenn mit Sicherheit auch noch verbesserungsfähig... Bei der zweiten Formulierung wird wenigstens von Gesundheit geredet statt von Krankheit. Wie man sieht, kann man auch aus Negativformulierungen einen Nutzen ziehen, wenn man sie bewusst anwendet.

Der Mensch ist ein schöpferisches Wesen! Die Summe seiner Gedanken, Worte und der entsprechenden Bilder dazu im Kopf schafft sein Schicksal. Das, worauf der Mensch sich konzentriert, manifestiert sich in seiner Realität. Das ist der Grund, warum das Bewusstsein für die Sprachmagie so wichtig ist und Negativformulierungen oft so verhängnisvoll sind. Ein Beispiel und vielleicht der mächtigste „Zauberspruch" von allen, der in den Köpfen von so vielen Menschen in allen Sprachen der Welt herumspukt ist: „Ich will keinen Krieg!"

Das klingt nett - super! Dummerweise liegt aber der Fokus beim Aussprechen und auch Denken dieses Satzes auf dem Wort „Krieg"! Wir konzentrieren uns bei diesem Satz auf das, was „Krieg" für uns bedeutet - und haben dabei zumeist auch noch die entsprechenden Bilder im Kopf und ein ängstliches Gefühl im Bauch. Der Schwerpunkt unserer Energie liegt also bei diesem Spruch bei der Angst, welche auch der Grund für die Wahl unserer Formulierung ist...

Was für ein gewaltiger Unterschied liegt im Gegensatz dazu in der Energie, die ein Mensch ausstrahlt, wenn er freude(aus)strahlend verkündet: „Ich will Frieden!"

So viel zur Tragweite und dem weltweiten und teilweise mitunter auch politischen Einfluss der Sprachmagie.

Doch die Sprachmagie betrifft alle Ebenen unserer Existenz, alle Bereiche, in denen wir mit Sprache arbeiten – und das sind so ziemlich alle!

Schon wenn wir morgens aus dem Bett steigen, setzen wir die Energien des Tages (durch unsere Laune) zu einem gewissen Teil fest, wenn wir denken: „Hoffentlich komme ich heute nicht zu spät, hoffentlich ranzt der Chef mich heute nicht wieder an, hoffentlich wird das nicht wieder so ein langweiliger Arbeitstag!" Da wir uns auf Zuspätkommen, einen motzigen Chef und einen langweiligen Arbeitstag konzentrieren, haben wir auch beste Chancen, genau all dieses zu bekommen.

Wesentlich sinnvoller ist es, sich zu wünschen: „Hoffentlich bin ich pünktlich, hoffentlich ist der Chef gut gelaunt. Hoffentlich passiert heute etwas Interessantes."

Aber auch bei dieser verbesserten Formulierung ist schon wieder eine Falle versteckt. Das kleine Wörtchen „hoffentlich" wirkt zwar auf den ersten Blick ganz harmlos, zählt aber dennoch im strengen Sinne zu den Negativformulierungen, da jede Art von Hoffnung eben auch einen gewissen Grad an Zweifel beinhaltet. Und jeder Zweifel ist Gift, zumindest wenn es um Sprachmagie geht und um die bewusste Auswahl von Wörtern in Anbetracht ihrer Energien.

Jeder Gedanke ist Energie und manifestiert sich früher oder später. Bei jeder Form von Zweifel beschäftigen sich unsere Gedanken mit dem Gegenteil dessen, was wir wollen (oder jedenfalls mit etwas anderem). Wer bewusst schöpfen beziehungsweise manifestieren will, sollte jeden Zweifel hinter sich lassen. Jeder geringste Zweifel schwächt unsere Absichten und arbeitet dagegen, daher habe ich mir den Merksatz zur Gewohnheit gemacht: Zweifel ist Gift!

Noch sinnvoller ist es also zu denken: „Heute komme ich pünktlich, und der Chef ist bestimmt auch gut gelaunt. Sicher wird es heute mal wieder interessant..." Das ist verantwortungsvolles Schöpfen; das ist der Ausdruck dessen, was wir wirklich wollen - frei von Angst!

Vorausgesetzt wir drücken genau das aus, was wir uns wünschen (und vorausgesetzt, wir wünschen beziehungsweise wissen, was gut für uns ist!), so erschaffen wir unsere Welt und unser Leben genau entsprechend unseren Vorstellungen! Das ist die Meisterschaft!

Zugegeben, auch ich habe noch so einiges zu lernen, bis ich die Meisterschaft der Sprachmagie erreicht habe. Dennoch ist jeder Schritt lohnend und bringt uns der Realisierung unserer Absichten immer näher. Nach und nach werden unsere Wünsche Realität, und die Harmonie zwischen unseren Wunschvorstellungen und dem, was gemeinhin als Realität bekannt ist, wächst und wächst.

WARUM WIRD SO VIEL NEGATIV FORMULIERT?

Über diese Frage habe ich sehr lange gegrübelt und bin zu folgendem Ergebnis gekommen. Ich denke, die Tatsache, dass der Mensch heutzutage zu Negativformulierungen neigt, hat im Grunde zwei Ursachen.

Zum Ersten fällt auf, dass das Leben der meisten Menschen durch und durch von ANGST bestimmt wird. Viele Menschen gehen jeden Tag zur Arbeit - obwohl sie viel lieber etwas anderes machen würden -, weil sie ANGST haben, etwas zu riskieren und etwas zu tun, was ihnen Spaß macht; weil sie ANGST haben, den Job zu verlieren, den sie sowieso langweilig finden; weil sie ANGST haben, sie könnten ihre Wohnung verlieren oder aus ANGST, hungern zu müssen; aus ANGST, den „guten" Ruf zu verlieren; sie haben ANGST, den Partner zu verlieren; ANGST, krank zu werden - und am Ende haben sie vor einem die größte ANGST: vor dem Tod! Es ist die Macht und Ohnmacht der Angst!

Leider kann man diese Liste von weitverbreiteten Ängsten noch meterlang weiterschreiben, aber im Interesse des Lichts und der Liebe erspare ich uns das! Ich glaube wirklich, dass die Hauptursache für die vielen Negativformulierungen diese vielen unnötigen Ängste sind, die das Handeln und damit auch die Worte und Gedanken der meisten Menschen beherrschen, bestimmen und lenken - und somit auch ihr Schicksal!

Erfüllt von Angst, haben die Menschen selbstverständlich stets das im Kopf, wovor sie sich ängstigen, statt an das zu denken, was sie wünschen!

Nun möchte ich allerdings noch kurz die zweite Ursache für die vielen Negativformulierungen aufführen, denn mir fiel auf, dass es durchaus Menschen gibt, die von all diesen Ängsten frei zu sein scheinen. Doch auch sie verwenden massenhaft Negativformulierungen, weitestgehend unbewusst, weil sie es so gewöhnt sind und sozusagen aus guter (beziehungsweise „schlechter") alter Tradition heraus. Der Mensch ist schließlich bekanntermaßen ein „Gewohnheitstier", was dazu führt, dass er sich unbeschreiblich viele Dinge angewöhnt - zumeist auch noch unbewusst - und diese Angewohnheiten dann meist mindestens so lange beibehält, bis sie sich ernsthaft störend auswirken. Die Sprache, die Art wie wir reden, wird einfach von den Eltern, Erziehern und mit Sicherheit auch von den Medien übernommen, und der Gedanke, die eigene Ausdrucksweise in Frage zu stellen, liegt meist fern.

Vorteil bei diesem „Gewohnheitstier"-Verhalten ist natürlich für uns jetzt und hier zu wissen, dass wir uns ebenso eine bewusste Sprache angewöhnen können, die genau das ausdrückt, was wir beabsichtigen. Wenn wir uns einmal daran gewöhnt haben, funktioniert das wie von selbst. Der Mensch gewöhnt sich eben an alles - lasst es uns nutzen!

Nun habe ich eben behauptet, dass diese vielen Ängste, die das Leben so vieler Menschen beherrschen, unnötig sind - und das meine ich auch so! Der Abbau und das Überwinden der eigenen Ängste ist eine großartige und selbstverständlich auch sehr angenehme Hilfe bei der Neuprogrammierung der eigenen Sprache und Ausdrucksweise und eine enorme Unterstützung auf dem Weg zum bewussten Reden und somit zur Meisterschaft der Sprachmagie. Warum Angst unnötig ist, mögen die folgenden Absätze vermitteln.

Vor einigen Jahren entdeckte ich in einem Buch einen Abschnitt, in dem es um das Thema Angst geht. Der Text enthält zwar erschreckend viel Negativformulierung, allerdings sollten wir jetzt des Inhalts wegen einmal darüber hinwegsehen. (Es ist mit Sicherheit eine effektive und lehrreiche Übung, diesen Text nach Negativformulierungen zu durchsuchen und diese entsprechend umzuformulieren; nur so als Anregung!) Da diese Worte mir sehr geholfen haben, meine persönlichen Ängste weitestgehend abzubauen und zu überwinden, und sie obendrein sehr gut erklären, wie man mit Angst sinnvoll umgehen kann, möchte ich diese weisen Zeilen hier wiedergeben. Sie stammen aus dem Buch „Lass Los"[2] von Paul Williams:

„Es ist die Natur der Angst, sich selbst zu füttern. Unter geeigneten Umständen füttert sie sich unglaublich schnell. Vernunft ist nicht schnell genug, um Angst auszulöschen. Das ist der Fehler, den die meisten von uns begehen. Argumentiere nicht mit der Angst. Wische sie aus deinem Verstand in dem Augenblick, in dem du sie wahrnimmst. Übe dich darin, die frühesten Symptome wahrzunehmen.

Stopp die Angst. Wische sie aus. Eliminiere sie zuerst, und dann stelle diese Fragen später.

Stell dir einen Seiltänzer vor. Der Gedanke beginnt mit: Was wäre, wenn ich jetzt Angst bekommen würde? Was, wenn ich hinunter schauen würde? Der Gedanke muss beim ersten „Was wäre wenn" getötet werden. Länger zu warten hieße, seine Sicherheit zu verlieren, abzustürzen. Wir sind alle Seiltänzer. Wir müssen diesen Reflex lernen, um zu überleben.

Reflex. So geht man mit der Angst um. Hör zu. Lerne. Angst ist der größte Feind des Bewusstseins. Sie überflügelt Scham und Schuld bei weitem. Angst ist die Kraft, die uns zurückhält. Wir brauchen nicht länger zurückgehalten werden! Hör zu.

Es gibt einen Weg, mit der Angst umzugehen.
Erstens: Akzeptiere, dass Angst unnötig ist, dass es nie einen Grund gibt, sie leben zu lassen. Trage dieses Wissen immer mit dir; es ist dein erstes Verteidigungsmittel.
Zweitens: Lerne, deine Ängste wahrzunehmen, in all ihren Formen, im frühstmöglichen Stadium.
Drittens: Lerne Reflex. Jedes angsttötende Mantra ist recht. Wiederhole: Ich muss mich nicht fürchten. Ich brauche mich nicht zu fürchten. Schreibe dein eigenes Mantra. Lerne es! Benütze es. Angst töten ist wie ein Feuer auslöschen. Reflex. Angst: Lösche sie aus.
Viertens: Denke nie zuerst, unter keinen Umständen. Das würde den Reflex zerstören. Drücke zuerst ab. Lösch sie aus. Dann denke. Wenn du musst.

Es ist schwierig, den urteilenden Verstand zu stoppen, welcher natürlich der Erzeuger der Angst ist. Hier ist ein Argument, dass du sicher verstehst; vielleicht kommt es dir auch bekannt vor. Das Argument ist, dass Angst vor Gefahren schützt. Wenn das Baby nicht lernen würde, Angst zu haben vor dem heißen Ofen, würde es sich wieder und wieder die Finger verbrennen. Nicht über Angst nachzudenken, sie nicht leben zu lassen, würde dann also heißen, so sagt das Argument, dass man sich Gefahren gegenüber blind machen würde. Dein Verstand wird dieses Argument erfassen; dein Verstand muss es beantworten. Muss es im Voraus beantworten; diese Argumente sind tödlich, falls man wartet, bis die Angst da ist und wütet. Angst wird aus der Vernunft geboren, und sie zerstört die Vernunft. Man soll nicht die Vernunft gebrauchen, um Angst zu bekämpfen.

So denke jetzt über dieses Argument nach. Brauchen wir die Angst? Ist sie wirklich unser Beschützer?

Das ist, was ich darüber denke. Ich glaube, dass Angst ein Wecker ist. Das Erste, was du tust, wenn der Alarm klingelt: Du stellst ihn ab! Dann reagiere auf den Alarm, sammle dich, handle.
Und das ist Schritt fünf: sei wach. Ignoriere die Angst nicht. Lösche sie aus, und dann bleibe wach. Es sollte offensichtlich sein, was die Angst verursacht. Darüber nachzudenken hieße, die Erkenntnis zu begraben anstatt zu fördern. Wenn es nicht offensichtlich ist, prügle es nicht aus dir heraus. Bleibe einfach wach. Halte deine Augen offen. Sei umsichtig.
Oh, übrigens, es ist nicht die Angst, die das Baby vom Ofen fernhält, nachdem es ihn einmal berührt hat, es ist das Bewusstsein. Schmerz und Bewusstsein sind dasselbe, Angst und Bewusstsein sind es nicht.

Angst ist der Verstandtöter.

1. *Angst muss ausgelöscht werden. Akzeptiere das.*
2. *Lerne, Angst wahrzunehmen.*
3. *Lösch sie aus. Reflektiere.*
4. *Denke nicht darüber nach.*
5. *Reagiere. Sei wachsam. Sei bewusst.*

Es funktioniert. Reflex funktioniert. Das Mantra funktioniert.
Du brauchst keine Angst zu haben.
Wenn du diese Worte liest und immer noch Angst hast, ist es nur deshalb, weil du Angst haben willst.
Warum willst du?
Frage nicht.
Lösch sie aus.“

Wenn wir lange genug darüber nachdenken, stellen wir fest, dass Angst unnötig ist. Angst lähmt - sie hält uns vom Handeln ab. Vor was auch immer wir uns ängstigen, genau das ziehen wir gemäß dem Gesetz der Resonanz in unser Leben, genau das erschaffen wir. Solange wir also mit der Situation (oder auch der Person), vor der wir uns ängstigen, in Gedanken beschäftigt sind, unterstützen wir mit unserer Energie die Realisierung genau dessen, wovor wir uns ängstigen. Gleiches zieht Gleiches an!

Statt also jetzt zu genießen, dass alles gut ist, wird durch Angst vor unangenehmen Möglichkeiten dafür gesorgt, dass alles „schlecht“ wird beziehungsweise diese werden realisiert. Und früher oder später haben wir dann auch einen „realistischen“ Grund für unsere Angst. Wie wir sehen, bringt die Angst vor der Konfrontation mit irgendeiner Situation oder Person uns nur Ärger, und zwar den, den wir be-fürchten. Wie sagt man doch so schön: „Das habe ich befürchtet!“ - passender wäre wohl: „Das habe ich heraufbeschworen!“

Sehen wir uns an, was Angst uns bringt, wenn wir einmal in der Situation drin sind, vor der wir uns fürchteten. Auch hier hilft Angst kaum weiter - zumindest nicht uns selbst. In welcher problematischen Situation auch immer wir uns befinden, wir brauchen all unsere Energien, um die Lage heil zu überstehen. Angst kann auch hier nur Schaden anrichten und ist unnötig.

Alles in allem neigen viele Menschen generell zu einer *problem*-orientierten Sichtweise und Einstellung beziehungsweise haben sich daran gewöhnt. Empfehlenswert, sinnvoller und angenehmer ist es jedoch, sich eine *lösungs*-orientierte Einstellung anzugewöhnen!

DAS GEHEIMNIS

*„Wende Dein Gesicht der Sonne zu,
dann fallen die Schatten hinter Dich!"*

Eine Grundvoraussetzung, um das Geheimnis der Sprachmagie zu verstehen und die Größe ihres Wirkungsbereiches zu erahnen, ist zu wissen, dass Worte - genau wie auch Gedanken - Energie sind und entsprechend ihrer Energie wirken.

Kindern erkläre ich die Sprachmagie gerne wie folgt, und das trifft es noch am besten:

„Jeder Mensch hat bei sich „geistige Helfer", unsichtbare Wesen, die uns helfen, unsere Gedanken zu verwirklichen, also Wirklichkeit werden zu lassen! Wohlgemerkt unsere *Gedanken*! Die unsichtbare Welt spricht durch Gedanken und Bilder mit uns - und nur selten durch Worte. *Bilder* sind es, was sie in unseren Köpfen sehen, das ist ihre Sprache! Dies ist das Geheimnis, das bisher noch nur wenigen bekannt ist..."

Und noch einmal für die „Großen": Auch die Worte, die wir verwenden - vor allem aber die Gedanken und Bilder, die wir dazu im Kopf haben, bilden die Energie, die wir aussenden, sozusagen unseren „Auftrag an das Leben". Es ist allerdings durchaus hilfreich, dieses Bild mit den „geistigen Helfern" im Kopf zu behalten, um sich des Vorgangs bewusst zu bleiben.

Das klingt relativ harmlos im ersten Moment, wer aber tiefer darüber nachsinnt, erkennt die Tragweite dieses Geheimnisses. Die meisten Menschen sagen nämlich stets, was sie *nicht* haben oder erleben wollen. Die entsprechenden Gedankenbilder in den Köpfen, die den geistigen Helfern beziehungsweise dem kosmischen Geistfeld als Arbeitsgrundlage dienen, bewirken so oft das Gegenteil des Gewünschten. Der Mensch sagt: „Ich will meinen Job nicht verlieren!", und im Geiste sieht er sich schon arbeitslos, die entsprechende Verzweiflung spürt er schon jetzt - und genau das trifft auch ein.

Die Energien im kosmischen Geistfeld beziehungsweise die geistigen Helfer, wie ich es der Einfachheit halber ausgedrückt habe, reagieren auf die Angst und Verzweiflung und realisieren das Bild des Menschen, der seinen Job verliert – und tun pflichtbewusst alles in ihrer Macht stehende, um das vorgegebene Bild so schnell wie möglich Wirklichkeit werden zu lassen. Statt zu sagen: „Ich will weiterhin in meinem Job arbeiten!", und auch etwas dafür zu tun, oder aber zu sagen: „Ich will einen neuen, noch schöneren Job, bei dem ich mich rundum gut und auch sicher fühle!", konzentrieren sich die meisten von Anfang an auf das Negative an der Geschichte und steigern sich auch sogleich in die entsprechenden Ängste hinein.

Beim Einkauf im Gemüseladen sagen Sie doch auch genau, was Sie haben wollen, statt aufzuzählen, was Sie alles *nicht* brauchen! „Guten Tag! Ich möchte gerne keine Birnen, und Äpfel will ich auch nicht, und auf gar keinen Fall Salat!..."

Worte und Gedanken erschaffen Wirklichkeit! Wollen wir unser Leben so angenehm wie möglich gestalten, erweist es sich als äußerst lohnend und effektiv, bewusst das zu formulieren, was wir wirklich wollen. Besonders wirksam ist es, sich das Gewünschte ganz bewusst auch bildlich vorzustellen!

Zugegeben, ich habe es wirklich leicht mit dem bildlich vorstellen, da ein Großteil meines Humors darauf gründet, mir die Dinge bildlich vorzustellen, was auch immer ich höre. Das ist ausgesprochen lustig und übt gleichzeitig ungemein.

Dieser Vorgang des bildlichen Vorstellens wird auch Visualisieren genannt. Im Optimalfall harmonieren die Bilder, die ein Mensch im Kopf hat, mit der Energie des Gesagten. Je deutlicher das Bild ist, das wir uns in der Vorstellung von einer Situation machen, desto deutlicher ist der Auftrag beziehungsweise die Arbeitsgrundlage für die geistige Welt! Man kann sich die geistige Welt auch als einen großen Computer vorstellen. Viele Menschen haben keine Ahnung, wie genau das System des Computers funktioniert, aber eines ist klar: Der Computer führt genau die Anweisungen aus, die der Anwender ihm gibt, ganz gleichgültig, ob dieser weiß, was er da tut.

Ähnlich ist es auch mit der geistigen Welt beziehungsweise mit dem kosmischen Geistfeld. Frei von jeder Bewertung und Kritik werden unsere Energien umgesetzt und realisiert, entsprechend unseres Auftrages. Unser freier Wille wird stets respektiert!

Teil 2:

Die Macht der Worte

Worte, die viel sagen und meinen,
gleichen wertvollen, edlen Steinen.
Sind sie dazu auch wirklich wahr,
gleichen sie Edelsteinen, die rar.

Gar oft wohl der Schein trügt,
mancher schöne Worte spricht und lügt.
Nicht jeder leuchtende Stein ist echt,
nicht jedes Wort ist gerecht.

Manche Worte, die einst geschrieben,
wie edle Steine wertvoll blieben;
man verehrt sie, erwählt zu Geschenken,
sie erzeugen Freude und das Denken!
(Irma Dolores Beck)

MAGISCHE WORTE

Magische Worte sind solche Worte, die meist - unbewusst gebraucht - das Gegenteil dessen bewirken, was wir wollen, oder zumindest etwas ganz anderes. Hierzu zählen generell alle Negativformulierungen wie zum Beispiel **„nicht“**, **„kein“** oder auch **„nie“** - vermutlich die kraftvollste. Das Wörtchen „nie“ hat eine besonders starke Energie und sollte, wenn überhaupt, nur mit äußerster Vorsicht benutzt werden. Dieses Wort verursacht Probleme wie kaum ein zweites - doch dazu später mehr.

Neben den Negativformulierungen gibt es auch eine Reihe anderer magischer Worte, die mitunter schwer als solche zu erkennen sind. Eines dieser Worte ist das zuvor bereits erwähnte Wort **„hoffentlich“**. Zweifel ist Gift! Zweifel verrät, wovor wir uns ängstigen, anstatt das auszudrücken, was wir wollen. Dies können wir dem Zweifel abgewinnen: Wir sehen, wovor wir uns ängstigen und können daran arbeiten - und ebenso sehen wir, wo wir noch an unserer Formulierung arbeiten dürfen!

Ein weiteres magisches Wort ist „**glauben**". Wie oft sagen wir „ich glaube..." und sind dabei voller Zweifel - und wir wissen ja: Zweifel ist Gift!
Das Wort „**aber**" ist auch so ein merkwürdiges Wort. Achten Sie einmal darauf, wann und wofür Sie und andere dieses Wort verwenden. Achten Sie auf die Energie dieses Wortes. Manchmal ist es wirklich mühsam, Energien mit Worten zu beschreiben. So machtvoll und interessant die Sprachmagie auch ist, sie macht doch - ähnlich wie die Philosophie - wie kaum eine andere Lehre bewusst, wie begrenzt des Menschen Worte doch sind. Es gibt so vieles zwischen Himmel und Erde, was sich nur sehr mühsam und auch nur annähernd in Worte fassen lässt. Doch ich versuche es: Oft verwenden wir das Wort „aber", wenn wir etwas be-zweifeln, und über Zweifel und seine Folgen habe ich mich ja nun ausführlich ausgelassen. Das Wort „aber" schränkt in irgendeiner Form das zuvor Gesagte ein. Hinsichtlich der Energie des Satzes wird also etwas eingeschränkt, kleiner gemacht, weggenommen. Und das hat durchaus etwas Verneinendes an sich.

Vorausgesetzt wir beobachten eine Weile, wie wir und andere das Wort „aber" verwenden, entdecken wir, dass es zumeist durch das Wort „und" ersetzt werden kann. Und dieses Wort hat nun wirklich etwas sehr Positives in sich. Pure Addition - hinzufügen, Wachstum, Reichtum und Ähnliches assoziieren wir mit diesem Wort.

Auch das sehr häufig benutzte Wort „**noch**" ist es wert, genauer betrachtet zu werden. Wann immer wir das Wort „noch" verwenden, gehen wir (im Geiste) davon aus, dass sich die Dinge ändern werden. Jetzt ist es *noch* so - später mit Sicherheit anders! Das „noch" impliziert beziehungsweise beinhaltet schon das Vorübergehende - die Beständigkeit des Zustandes wird ange-zweifelt. Ob wir sagen: „Ich bin *noch* gesund!" oder „Ich lebe *noch*!" oder „Der sieht *noch* ganz gut aus!" oder „*Noch* macht es Spaß!" - wir gehen bereits unterbewusst davon aus, dass es bald (oder zumindest irgendwann) vorbei ist. Wann immer wir das Wort „noch" benutzen, lohnt es sich, sich selbst zu fragen: „Will ich wirklich, dass es sich ändert, oder will ich, dass es andauert?"

Lenken wir nun unsere Aufmerksamkeit auf das magische Wort „**eigentlich**"! Wieder eines dieser auf den ersten Blick ganz harmlosen Worte und eines der merkwürdigsten Worte, die mir je auffielen. Unzählige Lügen und Lügner hat dieses Wort bereits entlarvt. Sogar sich selbst belügt man hin und wieder (natürlich unbewusst) unter Verwendung dieses Wortes („*Eigentlich* wollte ich heute die Fenster putzen!") und macht sich - und zur Abwechslung auch mal den anderen - etwas vor.

Hören Sie einmal genau hin: *Eigentlich* wollte ich Dich abholen. Das sieht *eigentlich* gut aus! *Eigentlich* wollte ich Dir das sagen! *Eigentlich* gehört das meinem Freund. *Eigentlich* wollte ich ihn zuerst retten! *Eigentlich* habe ich Dich ganz gerne!

Hören Sie das auch? Spüren Sie es? Die Energie des Zweifels - da ist sie wieder! Selten ist sie so schwer auszumachen wie im Falle „eigentlich". Persönlich habe ich es mir zur Angewohnheit gemacht, wenn jemand das Wort „eigentlich" im Gespräch mit mir verwendet, sofort die Frage einzuwerfen: „Wieso *eigentlich*?"

Dies sind nur einige Beispiele, um zu zeigen, wie kompliziert die energetischen Vorgänge der Sprachmagie teilweise sind und dass es manchmal ganz schön schwierig ist, die Energie und Wirkungsweise eines einzelnen Wortes komplett zu durchschauen. Entsprechend komplizierter ist es natürlich bei ganzen Sätzen oder Texten...

Mit der Zeit bekommt man allerdings ein Gefühl dafür und entdeckt immer mehr dieser magischen Worte. So entstand auch das „Wörterbuch" weiter hinten im Buch während der praktischen Anwendung. Nach und nach findet man immer mehr dieser Worte, ersetzt sie durch passende und „bereinigt" beziehungsweise perfektioniert so Stück für Stück seine Sprache beziehungsweise Ausdrucksweise.

Das Wort „**nicht**" ist wohl das am meisten gebrauchte beziehungsweise missbrauchte magische Wort. So sehr es einen auch manchmal ärgern kann, dass wir die Verwendung dieses Wortes so dermaßen gewöhnt sind, dass beinahe jeder zweite Satz es enthält, so hat es doch auch mindestens einen äußerst positiven Aspekt: Man erkennt es sofort! Eine Formulierung mit dem Wort „nicht" drückt ganz genau das aus, was wir *nicht* wollen, und zwar direkt und geradeheraus - sofort erkennbar.

Das Erkennen der magischen Worte ist schließlich das ausschlaggebende, wenn wir Meister der Sprachmagie sein und unser Schicksal bewusst gestalten wollen. Erst wenn wir erkennen, dass etwas schiefläuft, können wir herausfinden, was das ist, und dafür sorgen, dass es in Ordnung kommt. In diesem Sinne ist das Erkennen der magischen Worte der wichtigste oder zumindest der erste entscheidende Schritt auf dem Weg zur Meisterschaft der Sprachmagie.

Das meines Wissens stärkste magische Wort ist das kleine Wörtchen **„nie“**! Die Gefühle, die wir empfinden, wenn wir zu dieser extremen Verneinung greifen, sind so stark, dass sie beinahe jedes Gedankenbild Wirklichkeit werden lassen. Und natürlich drückt das entsprechende Gedankenbild in unserem Kopf - schließlich ist „nie“ eine extreme Verneinung - genau das Gegenteil dessen aus, was wir wollen. Wir können solche Aussagen, die das Wort „nie“ enthalten, einfach im Kopf ohne das „nie“ formulieren und wissen ziemlich genau, was geschehen wird - auch eine Form der Prophetie!

Das Gegenteil von „nie“, das Wort **„immer“**, ist ebenfalls ein magisches Wort mit sehr starker Wirkungskraft! Auch bei der Verwendung des Wortes „immer“ ist es durchaus von Vorteil, genau zu überlegen, ob man wirklich „immer“ meint! „Immer“ also *immer* bewusst anwenden!

Auf das äußerst wichtige und vermutlich am meisten verwendete magische Wort „nicht“ sowie auf die energetisch stärkste Negativformulierung „nie“ gehe ich an dieser Stelle noch etwas ausführlicher ein, und zwar in Form von Beispielen, welche die Problematik meiner Meinung nach am besten veranschaulichen.

Die Formulierung der ersten Zeile stellt jeweils die unbedachte beziehungsweise unüberlegte Aussage eines der vielen unbewussten Schwarzmagier der Sprachmagie dar.
In der zweiten Zeile wird deutlich, was hinsichtlich der sich auswirkenden Energien tatsächlich (also: in der Tat!) ausgedrückt wird. Dies lässt erkennen, dass unser Fokus beziehungsweise unsere Aufmerksamkeit sich auf das richtet, was wir vermeiden wollen.

In der dritten Zeile finden wir dann einen Vorschlag für eine passende Ausdrucksweise (die der bewusste Weißmagier verwendet), eine Möglichkeit, wie das Gewünschte angemessen formuliert werden kann.

„Ich will *nicht* mehr rauchen!" drückt hinsichtlich der sich auswirkenden Energien aus:
„Ich will mehr rauchen!", was allerdings das Gegenteil dessen darstellt, was wir wollen:
„Ich will ausschließlich saubere Luft atmen!" oder „Ich will gesünder leben!" oder „Ich will mehr Sport treiben!"

„Vergessen Sie das *nicht*!" drückt aus:
„Vergessen Sie das!", wobei man doch vermitteln will:
„Denken Sie daran!"

„Ich will *nicht* abstürzen!" wird zu:
„Ich will abstürzen!" anstatt:
„Ich bleibe oben!" oder „Ich halte mich gut fest!"

„Hoffentlich regnet es *nicht*!" drückt aus:
„Hoffentlich regnet es!" statt:
„Ich will, dass die Sonne scheint!"

„Bitte lauf *nicht* weg!" wirkt wie:
„Bitte lauf weg!", obwohl man doch meint:
„Bitte bleibe hier!"
(Einen schönen Gruß auch an alle Hundebesitzer: Auch „bitte" sagen bewirkt hier nur das Gegenteil. „Das Zauberwort" mag „bitte" heißen, hier ist das magische Wort allerdings: „nicht"!)

Selbstverständlich kann man solche Formulierungen auch gezielt anwenden, wobei wir hier den Bereich der bewussten Schwarzmagie streifen, da wir in solch einem Falle bewusst (heimlich und meist unbemerkt) manipulieren.

Da wir jedoch durch das Kausalitätsgesetz wissen, dass alles, was wir tun, auch uns selbst eines Tages angetan wird und gemäß Resonanzgesetz auch die betreffende Energie der von uns ausgesandten entspricht, ist klar, dass sich jede Form von Schwarzmagie - ob unbewusst oder bewusst - negativ auf uns selbst auswirkt! Und wer will das schon? Also - Hände weg von der schwarzen Magie (heimliche Manipulation) und Bahn frei für die weiße Magie (liebevolles Schöpfertum).

Bei den Beispielen mit dem Wort „nie" spürt man direkt den Unterschied in der Intensität, die Steigerung vom „nicht" zum emotionell wesentlich stärkeren „nie":

„Ich will *nie* wieder saufen!" wird zu:
„Ich will wieder saufen!", wobei man doch meint:
„Ich will das trinken, was mir gut tut!"

„Ich will Dich *nie* verlieren!" wirkt wie:
„Ich will Dich verlieren!", obwohl man doch meint:
„Ich will immer bei Dir sein!"

„Ich werde *nie* nach Amerika fahren!" wird zu:
„Ich werde nach Amerika fahren!", obwohl man doch genau das verhindern will.

„Ich werde Dich *nie* wieder schlagen!" wirkt wie:
„Ich werde Dich wieder schlagen!", wobei man doch ausdrücken will:
„Ich werde Dich ab sofort immer gut und mit Respekt behandeln!"

Wie wir sehen, sind die Worte „nicht" und vor allem „nie" absolut ungeeignet, um auszudrücken, was wir wollen - das liegt in ihrer Natur. Daher vermeiden wir in der Sprachmagie diese beiden Worte, wo immer es geht, und formulieren bewusst anders.

Magische Worte - sozusagen die Signalwörter, die Schlüsselwörter der Sprachmagie - sind Worte, bei denen wir aufmerken sollten, uns selbst zuhören und uns fragen: „Was sage ich da gerade?" - um sicherzustellen, dass unsere Worte und Ausdrücke auch tatsächlich (in der Tat!) das ausdrücken und hinsichtlich ihrer Energie aussenden, was wir wünschen und wollen!

DEN DRUCK NEHMEN

In einem Seminar für „professionelles Verhalten am Telefon", an dem ich vor vielen Jahren teilnahm, vermittelte der Trainer uns eine meines Erachtens äußerst hilfreiche Erkenntnis beziehungsweise Erfahrung. Und zwar wurden wir angewiesen, uns zu Paaren zusammenzutun und jeweils Seite an Seite Händchen haltend nebeneinander zu stehen. Die flache Hand wurde ungefähr in Schulterhöhe aufrecht (Fingerspitzen geschlossen und nach oben zeigend) und vor allem ganz leicht gegen die Hand des Partners gedrückt. Als alle soweit waren, sagte der Trainer des Kurses: *„Ich werde Ihnen jetzt gleich eine Anweisung geben, und ich möchte Sie bitten, genau zu tun, was ich sage, und zwar ausschließlich das, was ich sage!"* Alle lauschten wir gebannt, die Hände zwischen uns in der Luft aneinander gelegt.

Nach kurzer Zeit hörten wir: *„Und jetzt bitte ich alle, die an der Fensterseite stehen, die bereits erhobene Hand fest gegen die Hand ihres Partners zu drücken!"* Nichtsahnend sahen wir unseren Trainer an und taten, was er sagte - zumindest die Hälfte von uns! Was war passiert?

Alle, die an der Fensterseite standen, hatten - wie gebeten - ihre Hand fest gegen die Hand ihres Partners gedrückt. So weit, so gut! Allerdings - und dazu hatte niemand aufgefordert! - reagierten die Partner allesamt: indem sie fleißig zurück drückten! Und so fingen alle Pärchen an, in der Luft Armdrücken zu spielen... und wir hatten unsere Lektion gelernt: Druck erzeugt Gegendruck! Das hatten wir nun selbst erfahren.

Allerdings wurde uns erst bewusst, was passiert war und was wir getan hatten, als der Trainer uns darauf aufmerksam machte und alles ausführlich erklärte - so „normal" erschien uns unser Verhalten und unsere Reaktion! Erst durch seine Erklärungen fiel uns auf, dass wir automatisch zurück gedrückt hatten.

Probieren Sie das aus, wann auch immer sie die Gesellschaft mindestens zweier Freunde genießen - Sie werden sehen, es funktioniert beinahe immer!

Die Lektion, die wir in unserem Kurs lernen durften, war: **„Druck verursacht Gegendruck!"** Wenn wir einen Gesprächspartner durch unsere Worte und Wortwahl unter Druck setzen, wird dieser ebenfalls mit Gegendruck reagieren - was dann logischerweise alles andere als erfreulich endet, schließlich hat jedes Gespräch ein bestimmtes (klares oder unklares) Ziel, was wohl kaum erreicht wird, wenn wir im Gespräch beim Druck-Gegendruck-Spiel hängenbleiben, was oft in Streit ausartet.

Angenommen ein Gesprächspartner übt Druck auf *uns* aus, ist es natürlich ebenso hilfreich, darauf zu achten, jegliche Reaktion in Form von Gegendruck zu vermeiden. Bei diesem Spiel ist es gleichgültig, wer beginnt - der Verlauf ist immer der gleiche, und das Gespräch hat sein Ziel - was auch immer dies war - verfehlt.

Es gibt einen weiteren Grund, warum wir generell vermeiden sollten, Druck auszuüben - und zwar wegen der Auswirkungen der vorhin bereits ausführlich beschriebenen kosmischen Gesetze Kausalitätsgesetz und Resonanzgesetz, welche zu einem äußerst hilfreichen Merksatz zusammengefasst Folgendes ausdrücken: **Alles kommt zurück!**

Und wer will schon unter Druck gesetzt werden? Nun stellt sich die Frage: Welches sind die magischen Worte, die innerhalb der Sprache beziehungsweise im Gespräch Druck erzeugen? Nun - da gibt es einige, und auch ich habe hier noch reichlich Lernbedarf und bin stets auf der Suche nach weiteren magischen Worten. Die stärksten Druck erzeugenden Worte, die mir auf meiner Forschungsreise durch die Welt der Sprache bisher aufgefallen sind, sind jedenfalls die magischen Worte „**sollen**" und „**müssen**", wobei letzteres wahrscheinlich als das stärkste bezeichnet werden kann. Allerdings kann man das Wort „müssen" nahezu immer weglassen, durch angenehmere Worte ersetzen oder es zumindest durch „sollen" ersetzen, was immerhin schon wesentlich positiver ist. Sehr oft kann man „müssen" durch „können" und das Wort „sollen" durch „dürfen" ersetzen.

Das Wort „müssen" ist aus mindestens drei Gründen zu vermeiden, wenn irgend möglich: Einerseits ist es das Wort, das den größten Druck auf den Gesprächspartner ausübt, und andererseits ist es nahezu immer „gelogen".

(Und wir wissen ja: Alles kommt zurück! Wer lügt, wird belogen!) Ich habe lange Zeit nach einem Fall gesucht, in dem das Wort „muss“ angebracht ist und den Tatsachen entspricht. Ich fand einen einzigen Satz! Es gibt tatsächlich etwas, das man wirklich muss, und dann ist der „Druck“ von Natur aus auch entsprechend stark, und zwar bei: „Ich muss mal!“
(Falls jetzt einer einwirft: „Sterben muss man!“, möchte ich an dieser Stelle wieder einmal die Erkenntnisse der Wissenschaft zu Rate ziehen, welche nämlich - entgegen dem weitverbreiteten Aberglauben, dass man sterben muss - vor einiger Zeit festgestellt hat, dass Energie sich lediglich umwandeln, also die Form verändern, niemals aber verlorengehen beziehungsweise „sterben“ kann. Da auch der Mensch aus Energie besteht, „muss“ er - wenn überhaupt - nur eines: leben!)

Ansonsten können und dürfen wir das Wort „muss“ generell immer durch passende Worte ersetzen, die dann auch der Wahrheit entsprechen. Oft kann man das Wort „muss“ auch einfach weglassen, und schon sind wir wieder bei der Wahrheit und der entsprechend positiven Energie. Hierzu einige Beispiele: „Wenn wir hier ausziehen *müssen, müssen* wir vorher das ganze Haus reinigen.“ („Wenn wir hier ausziehen, reinigen wir vorher das ganze Haus!“); „Wenn ich mir das ansehen *muss, muss* ich mich übergeben!“ (Wenn ich mir das ansehe, übergebe ich mich!“); „Wenn ich lange ohne Dich sein *muss, muss* ich oft weinen!“ („Wenn ich lange ohne Dich bin, weine ich oft!“). Sollte es angebrachter sein, das Wort „muss“ zu ersetzen, so gibt es hier allerhand Möglichkeiten:

Um den störenden Einfluss von Druck aus der Sprache zu nehmen, ersetzen wir einfach die magischen Worte „müssen“ und „sollen“ durch die wesentlich positiveren Begriffe „können“, „dürfen“ oder „wollen“. Diese Form der Ausdrucksweise respektiert und wahrt außerdem den freien Willen (eines jeden) - und das ist mit Sicherheit etwas, was wir uns auch von anderen wünschen. Auch hierzu wieder einige Beispiele:

Wenn wir sagen: „Ich *muss* gehen!“, meinen wir in Wirklichkeit:
„Ich will gehen!“ (wer möchte, auch: „Ich möchte gehen!“)

Sagen wir: „Ich *muss* mal eine Pause machen!“, meinen wir genaugenommen:

„Ich will/möchte mal eine Pause machen!“

Und auch wenn wir sagen: „Ich *muss* erst noch spülen!“, so meinen wir in Wahrheit:
„Ich will erst noch spülen!“

Die Frage: „Was *muss* ich tun?“ meint genaugenommen:
„Was soll/kann/darf ich tun?“ (Klingt doch gleich viel netter!)

„Ich *muss* das machen!“ bedeutet:
„Ich will das machen!“

„Wir *sollen* uns hinsetzen!“ entspricht:
„Wir können/dürfen uns hinsetzen!“

„*Soll* ich Dir helfen?“ klingt gezwungener als
„Kann/Darf ich Dir helfen?“

Wenn ein Satz, der das Wort „muss“ enthält, der Wahrheit entspricht (wie zum Beispiel „Ich muss nicht kämpfen!“ oder „Ich muss nicht kochen!“) so liegt das an entsprechend verwendeten Verneinungen (Negativformulierung), wobei wir wieder einmal hinsichtlich der Energie der Worte das Gegenteil dessen ausdrücken, was wir meinen. Wie wir inzwischen wissen, ist es sinnvoller, die Dinge „positiv“ auszudrücken.

Wie wir sehen, ist es äußerst vorteilhaft, dass Wort „muss“ aus dem eigenen Wortschatz zu verbannen! Es sei denn, es handelt sich um das dringendste Bedürfnis von allen...

Der dritte Grund, das Wort „muss“ generell zu vermeiden, liegt darin, dass das Wort „muss“ - ähnlich wie das Wort „nie“ - mit einer sehr starken emotionellen Energie verbunden ist und daher auch eine entsprechend starke Schöpfungskraft besitzt, die sich - unbewusst angewandt - verheerend auswirken kann. Ein weiterer Aspekt bei dieser Problematik betrifft den Bereich der Selbstprogrammierung, auf welche wir allerdings im dritten Teil des Buches gesondert eingehen.

DIE ZEIT-FALLE

Eines der hilfreichsten Hilfsmittel beziehungsweise Werkzeuge bei der Beschäftigung mit der Sprachmagie sind mit Sicherheit die magischen Worte, auch Schlüsselwörter oder Signalwörter genannt, die man sich leicht und relativ schnell einprägen kann und die uns warnen, uns aufmerken lassen und uns auf unsere Ausdrucksweise aufmerksam machen.

Die Zeit-Falle ist ein Aspekt der Sprachmagie, der mindestens zwei Bereiche betrifft: zum einen die „unerreichbare" Zeit - die Zukunft und die Vergangenheit - und zum anderen die „imaginäre" Zeit, den Konditional.

Wie wir bereits festgestellt haben, ist der Mensch ein schöpferisches Wesen und schafft durch seine Gedanken und Worte sein Schicksal. Vorausgesetzt wir drücken immer genau das aus, was wir wollen - frei von jeglicher Negativformulierung -, so ist natürlich wünschenswert, dass sich das Gesagte auch realisiert. Hier kommt die Zeit-Falle ins Spiel. Selbst wenn wir wohlüberlegt und „positiv" ausdrücken, was wir wollen, realisiert sich unser Wunsch nur dann, wenn wir ihn in der Gegenwartsform formulieren. Schöpfung geschieht ausschließlich im Hier und Jetzt.

Auch um die Zeit-Falle zu erkennen, gibt es einige magische Worte beziehungsweise Signalwörter, an denen wir merken, dass wir das Hier und Jetzt verlassen haben.

Die Zukunft und die Vergangenheit - die unerreichbare Zeit!
Befinden wir uns - aus rein sprachlicher Sicht - in der Zukunft, so erkennen wir das an dem magischen Wort „**werden**", das wir meistens einfach weglassen können, um wieder in der Gegenwart zu landen (wobei wir selbstverständlich das entsprechende Verb anpassen). Folgende Beispiele mögen die Problematik verdeutlichen:

„Ich *werde* ein Buch schreiben!" (Ja, ja - das kann dauern!)
„Ich schreibe ein Buch!" (Aha - das ist Schöpfung!)

„Ich *werde* das reparieren!" (Ja – fragt sich nur, wann!)
„Ich repariere das!" (Das klingt schon glaubwürdiger!)

„Ich *werde* gesund!" (Ich „werde" und „werde" und will es doch „sein"!)
„Ich bin so gut wie gesund!" (Das ist wesentlich wünschenswerter!)

„Ich *werde* glücklich!" (Das zieht sich!)
„Ich bin glücklich!" (Wie schön!)

„Ich *werde* es begreifen!" (Sicher, eines schönen Tages bestimmt!)
„Ich begreife das!" (Na endlich!)

Drücken wir unsere Wünsche in der Vergangenheitsform aus, so wird das deutlich durch das kleine Wörtchen **„wollte"**, das wir in der Regel einfach durch „will" ersetzen können, um wieder das auszudrücken, was wir nach wie vor wollen, wie zum Beispiel in den folgenden Fällen:

„Ich *wollte* sowieso gerade einkaufen gehen!" (Und was willst Du jetzt?)
„Ich will sowieso gerade einkaufen gehen!" (Das macht Sinn.)

„Ich *wollte* wissen, wie es Dir geht!" (Wolltest Du?)
„Ich will wissen, wie es Dir geht!" (Schon besser!)

„Ich wusste direkt: Diese Frau *wollte* ich heiraten!" (Oh – oh!)
„Ich wusste direkt: Diese Frau will ich heiraten!" (Glückwunsch!)

„Ich *wollte* immer reich sein!" (Und warum jetzt nicht mehr?)
„Ich will immer reich sein!" (Der übliche Wunsch!)

„Das Buch *wollte* ich noch mitnehmen, wenn ich gehe!" (Logisch, dass Du es vergisst!)
„Das Buch will ich noch mitnehmen, wenn ich gehe!" (Klare Sache!)

Der Konditional – die imaginäre Zeit!

Den Konditional erkennen wir an Worten wie **„könnte"**, **„sollte"**, **„müsste"**, **„würde"**, **„hätte"**, **„bräuchte"** und Ähnlichen. Um wieder in die Gegenwart zurückzukehren, ist es meistens schon ausreichend, das entsprechende Wort einfach wieder in seine Stammform zurück zu verwandeln (ich könnte -> ich kann; ich sollte -> ich soll...). Wie der Begriff „Konditional" bereits verrät (Kondition = Bedingung), gibt es hier immer ein verstecktes beziehungsweise gedachtes „**wenn**" oder „**falls**" - ebenfalls magische Worte! Genau deswegen stellt der Konditional eine imaginäre (eingebildete, allein in der Vorstellungskraft existierende, theoretische) Zeit dar.

„Ich *könnte* Dir helfen!" (Wenn? Falls?)
„Ich kann Dir helfen!" (Das hört sich schon besser an!)

„Ich *sollte* mich amüsieren!" (...klingt wie eine Beschwerde!)
„Ich soll mich amüsieren!" (...klingt wie ein guter Vorsatz!)

„Ich *müsste* mal zur Toilette!" (Wenn was?)
„Ich muss(!) mal zur Toilette!" (Ach so!)

„Ich *würde* gerne eine Pause machen!" (Falls was?)
„Ich werde eine Pause machen!" (Wann?? - Vorsicht: Zeit-Falle!)
„Ich mache eine Pause!" (Na also!)

„Ich *hätte* da ein paar Fragen!" (Wieso „hätte"?)
„Ich habe da ein paar Fragen!" (Ich auch!)

„Ich *bräuchte* ein Taschentuch!" (Na, dann geht es ja noch!)
„Ich brauche ein Taschentuch!" „Dringend!" (Sag das doch direkt!)

Wie wir sehen, ist der Konditional von der Gegenwart ähnlich weit entfernt wie die Zukunft oder die Vergangenheit. Für denjenigen, der die Sprachmagie meistern will, sind alle drei Formen völlig unbrauchbar. Wie bereits erwähnt: Schöpfung geschieht im Hier und Jetzt!

Diese Weisheit dürfen wir uns besonders zu Herzen nehmen, wenn wir so vor uns hin denken. In unseren Gedanken entfernen wir uns noch viel öfter von der Gegenwart als mit unseren Worten. Die meisten Menschen beschäftigen sich in ihren Gedanken fast ausschließlich mit der Zukunft - oder mit der Vergangenheit!

Natürlich ist es angenehm, an gute alte Zeiten zu denken oder sich auf die Vorhaben der Zukunft zu freuen – dennoch verpassen wir im gleichen Moment, unser Jetzt zu gestalten. Einer meiner Lieblingssprüche bringt das wunderbar zum Ausdruck: *„Leben ist das was geschieht, während wir dabei sind, Pläne zu schmieden oder in der Vergangenheit zu schwelgen!"* Wie schön das Vergangene auch sein mag, es ist vor allem eines: vergangen! Ganz gleich, wie schön unsere Zukunftspläne sind, es sind Pläne, die Bilder eines Jetzt, das nur vielleicht irgendwann einmal existiert und vom Hier und Jetzt weit entfernt ist. Und es gibt mit ziemlicher Sicherheit auch ein Jetzt, das es wert ist, erlebt und gelebt zu werden!

Zu diesem Thema existiert ein wundervolles Buch von Eckhart Tolle mit dem Titel „Jetzt! Die Kraft der Gegenwart", welches ich Ihnen an dieser Stelle unbedingt empfehlen möchte. Auf leicht verständliche Weise vermittelt es dem Leser, dass der Mensch sich in seinen Gedanken die meiste Zeit mit der Vergangenheit oder der Zukunft beschäftigt und sich nur selten wirklich der Qualität des gegenwärtigen Momentes, des Jetzt bewusst ist.

Das Verhängnisvollste daran ist, dass es sich bei diesen Gedanken meist um Ängste und Sorgen handelt, die uns einerseits von der wirklichen Qualität des Jetzt ablenken und andererseits eine äußerst unerfreuliche Wirkung auf unsere tatsächliche Zukunft haben – im Sinne unserer Schöpferkraft. Indem wir uns auf unsere Sorgen und Ängste konzentrieren und uns damit beschäftigen, ziehen wir genau diese Energien und befürchteten Situationen in unser Leben. Beschäftigen wir uns mit den unangenehmen Erlebnissen der Vergangenheit, so ziehen wir – gemäß dem Gesetz der Resonanz und dem Kausalitätsgesetz – durch das Nachempfinden der unangenehmen Gefühle wieder ebenso schmerzliche Erfahrungen in unser Leben.

Eckhart Tolle lehrt uns, im Jetzt zu leben und das Jetzt zu genießen! Und wir stellen fest: Bis auf ganz wenige Ausnahmen ist „jetzt gerade" nahezu immer alles gut! Durch die ständige Grübelei über Gegebenheiten der Vergangenheit oder eventuelle Probleme in der Zukunft verderben wir uns regelrecht die Einzigartigkeit und Vollkommenheit des Augenblicks – des Jetzt!

„VER" MEIDEN!

Mit Hilfe der nun folgenden Liste möchte ich Ihnen etwas erklären, was sich ähnlich schwer in Worte fassen lässt wie die Energie des Wortes „eigentlich". Bitte lesen Sie sich die Wörter aufmerksam durch!

achten
albern
bergen
bieten
bitten
borgen
brechen
bummeln
dreschen
drücken
enden
fallen
fehlen
führen
gehen
graben
greifen
haften
heben
hören
irren
jubeln
kalkulieren
kennen
klären
kommen
kümmern
langen
lassen
laufen
legen
leiten
Lust
messen
neigen
ordnen
passen
pfeifen
quasseln
quatschen
raten
rechnen
sagen
salzen
schätzen
schaukeln
scherzen
schlafen
schreiben
schwören
sehen
sichern
sieben
Sohlen
spielen
sprechen
stecken
stellen
stimmt
suchen
trocknen
tun
üben
ulken
wachsen
wählen
warnen
wechseln
Wesen
wünschen
zaubern
Zug

Was haben alle diese Worte gemeinsam? Auf den ersten Blick erscheint es, als seien sie völlig wahllos zusammengewürfelt...

Doch es steckt durchaus System dahinter! Ich bitte Sie nun, die Wörter dieser Liste erneut durchzulesen, allerdings mit einer kleinen Änderung: Setzen sie beim Lesen vor jedes Wort die Vorsilbe „ver"!

Und? Plötzlich sind alle diese Begriffe irgendwie „negativ" - jeder auf seine ganz eigene Art! Worte, die entweder eine durchaus „positive" Aussage haben („achten", „jubeln", „Lust" und so weiter) oder aber auch „neutral" sind (wie „greifen", „sagen", „Zug"), werden durch die Vorsilbe „ver" mit einer deutlich „negativen" Energie belegt.

Oft hat die Vorsilbe „ver" die gleiche Bedeutung wie das Wort „falsch": verfahren, verhören, verlaufen, vermessen, verrechnen, verschätzen, verschreiben, verspielen, versprechen... - das ist wohl deutlich genug!

Auch viele andere Worte, die mit „ver" beginnen, sind „negativ" belegt, zum Beispiel: vergessen, vergiften, verletzen, verlieren, vernachlässigen, vernichten, verschwenden, verspäten, verurteilen...

Zugegeben, es gibt auch einige Wörter, die mit der Vorsilbe „ver" beginnen und durchaus einen positiven Eindruck erwecken, allerdings sind dies im Verhältnis verschwindend wenig: verlieben, vergnügen, vermögen, verwöhnen... und? - fällt Ihnen noch mehr ein?

Zusammenfassend lässt sich sagen: Worte, die mit der Vorsilbe „ver" beginnen, drücken erschreckend oft „negative" Umstände aus, sind daher meist mit „negativen" Energien verbunden und haben dementsprechend auch einen ebenso „negativen" Einfluss auf unser Schicksal. Die gleiche Wirkungsweise erleben wir bei der Vorsilbe „miss", allerdings ist diese wesentlich seltener: Missachtung, Missbildung, missbilligen, missbrauchen, Misserfolg, missfallen, Missgeburt, Missgeschick, missglücken, misshandeln, misslingen, missraten, Misston, Misstrauen, missverstehen, Misswirtschaft - das „Negative" ist deutlich zu erkennen.

Ähnlich ist es mit der Vorsilbe „un". Diese entspricht der Negativformulierung „nicht" und darf daher ebenso behandelt werden. Aus „unabhängig" wird „selbstständig", aus „unbekannt" wird „fremd", aus „unbestritten" wird „erwiesen", aus „unentbehrlich" wird „dringend erforderlich", aus „ungeachtet" wird „trotz", aus „ungebunden" wird „frei", aus „ungelegen" wird „störend"... - weitere Begriffe sind sicherlich „unnötig" oder besser gesagt: „überflüssig" beziehungsweise „entbehrlich"!

Die Vorsilben „ver", „miss" und „un" haben im Rahmen der Sprachmagie ihre eigene Signalwirkung. Sie machen uns darauf aufmerksam, genau auf das zu achten, was wir sagen beziehungsweise ausdrücken. Sie erinnern uns daran, bewusst zu formulieren. Auf dem Weg zur Meisterschaft der Sprachmagie und zu einer „positiven" Sprache dürfen wir ruhigen Gewissens die Vorsilben „un", „miss" und „ver" meiden!

KLARHEIT

Durch unsere Gedanken und Worte schaffen wir unser Schicksal! Logischerweise ist es daher hilfreich beziehungsweise nützlich, unsere Ideen und Vorstellungen klar und deutlich auszudrücken. Die Bedeutung von Klarheit in der Sprache ist sicherlich klar!

Im Interesse klarer Aussagen und einer deutlichen Ausdrucksweise sind solche Worte, deren Bedeutung vollkommen subjektiv ist, sowie Worte, für die jeder eine andere Bedeutung im Kopf hat, generell zu meiden!

Wie wir gesehen haben, ist für den einen „gut", was für den anderen „schlecht" ist. Ebenso verhält es sich mit Begriffen wie „schön" und „hässlich" und ähnlichen.

Auch „ungerecht" ist ein sehr subjektiver Begriff. Wenn zwei Menschen teilen, indem einer ein Drittel und der andere zwei Drittel bekommt, so erscheint dies ungerecht - doch: Wer kennt die Umstände? Was sie erhalten ist lediglich „ungleich", da Ungerechtigkeit schlichtweg nicht existiert. Wer noch glaubt, dass irgend etwas ungerecht sein kann, der möge sich erneut die kosmischen Gesetze im ersten Teil des Buches durchlesen und diese verinnerlichen!

Ebenso finden die Worte „Schicksal", „Zufall", „zufällig", „Schuld" und „schuldig" oft unpassend und in unangemessener Art und Weise Verwendung. Wer sich der kosmischen Gesetze bewusst ist, der weiß, dass es - so, wie es üblicherweise verstanden wird - weder „Schuld", „Schicksal" noch „Zufall" beziehungsweise etwas „Zufälliges" gibt. Allem liegt immer eine Ursache zugrunde! Der tiefere Sinn des Wortes „Zu-fall" ist offensichtlich: Jemandem *fällt zu*, was seiner Resonanz entspricht beziehungsweise er ausgesendet hat! „Schick-sal" entsteht dadurch, dass das, was jemand *los-schickt* zu dessen *Schick-sal* wird! Da die meisten Menschen unter diesen Begriffen allerdings etwas völlig anderes verstehen und entsprechende Vorstellungen dazu haben, ist es sinnvoll, diese Worte der Klarheit halber einfach zu meiden.

Einige wunderschöne Zeilen über „Zufall" stammen von Edward Carpenter[3]:

„Sei nicht mutlos, weil Du noch dem Zufall ausgesetzt und den Launen der Natur und des Schicksals ausgeliefert bist,

denn wenn Du nicht dem Zufall ausgesetzt wärest, dann wärest Du Herr Deines Lebens. Da Du aber noch nicht Herr Deiner Leidenschaften und Kräfte bist, hängst Du im selben Maße wie von ihnen von einer anderen Kraft ab,

und wenn Du diese Kraft „Zufall" nennen willst, so höre, es ist der Engel, mit dem Du dann zu ringen hast."

„WÖRTERBUCH" DER SPRACHMAGIE

Nun kommt der wahrscheinlich nützlichste Teil dieses Buches. Es handelt sich um eine Liste, die Sie auf dem Weg zur Meisterschaft der Sprachmagie bestimmt immer wieder in die Hand nehmen. Die ganze Liste zu meistern, kann eine ganze Weile dauern (ich persönlich kenne bisher niemanden, der das geschafft hat) - und sie lässt sich sicherlich noch erweitern. Sie enthält die wichtigsten magischen Worte, die dieses Buch behandelt, und ist übersichtlich aufgebaut sowie in verschiedene Kategorien eingeteilt. Auf der linken Seite sind die Kategorien und die sogenannten **Signalwörter** aufgeführt, welche von vielen Menschen völlig unbewusst angewendet werden und daher oft das Gegenteil dessen bewirken, was sie in Wirklichkeit wollen. Die Signalwörter erinnern uns daran, genau aufzupassen, was wir sagen!

Den jeweiligen Signalwörtern zugeordnet, finden wir anhand der Liste schnell *passende Ausdrücke* für das, was wir sagen wollen. Wenn Sie in einigen Fällen in der Liste keine passende Formulierung finden, so bitte ich Sie, dies zu entschuldigen und selbst eine passende Formulierung zu finden. Bisher ist diese Vokabelliste zwar relativ umfangreich und enthält bestimmt die wichtigsten und am häufigsten gebrauchten magischen Worte, doch gibt es sicherlich noch einiges zu ergänzen. Sie ist die erste Liste dieser Art und gerade erst entstanden. Dies ist sozusagen das erste spirituelle Wörterbuch. Statt „Deutsch - Spanisch; Spanisch - Deutsch" heißt es hier allerdings: „unbewusst - bewusst".

VERNEINUNGEN:	
nicht	weglassen und „positiv“ formulieren
un-	weglassen und „positiv“ formulieren
kein	weglassen und „positiv“ formulieren
nie	*immer* (starke Schöpfungskraft!)
keinesfalls	*jedenfalls* (starke Schöpfungskraft!)
auf (gar) keinen Fall	*auf jeden Fall* (starke Schöpfungskraft!)
vermeiden	weglassen und „positiv“ formulieren
verhindern	weglassen und „positiv“ formulieren
DRUCK:	
müssen	*wollen/können/dürfen*
sollen	*wollen/können/dürfen*
ZEIT-FALLE:	
(ich) **werde** sein/tun/haben	(ich) *bin/tue/habe*
(ich) **wollte** sein/tun/haben	(ich) *will* sein/tun/haben
(ich) **bräuchte**	(ich) *brauche*
(ich) **hätte**	(ich) *habe*
(ich) **würde** sein/tun/haben	(ich) *bin/tue/habe*
(ich) **könnte** sein/tun/haben	(ich) *kann* sein/tun/haben
(ich) **sollte**	(ich) *will/möchte*
(ich) **müsste**	(ich) *will/möchte*
EINSCHRÄNKUNGEN:	
aber	*und*
noch	*nach wie vor/weiterhin*
auch noch	*zusätzlich/des Weiteren*
nur	*immerhin/allein/ausschließlich*
wenn (...dann)	*vorausgesetzt* (...dann/so)
falls (...dann)	*vorausgesetzt* (...dann/so)
maximal	*immerhin*
höchstens	*immerhin*
eigentlich	weglassen – einzig „bewusste“ Lösung!

ZWEIFEL:	
glauben	*denken/ausgehen von*
hoffen	*wünschen/denken/ausgehen von*
hoffentlich	*sicher(lich)*
fürchten	*denken/ausgehen von*
versuchen	*machen/lernen*
probieren	*machen/lernen*
ohne Zweifel/zweifelsohne	*mit Sicherheit/bestimmt/sicher(lich)*
zweifelsfrei/zweifellos	*mit Sicherheit/bestimmt/sicher(lich)*
UNKLAR: **gut** **schlecht** **schön** **hässlich** **ungerecht** **Schicksal** **Zufall** **zufällig** **Schuld** **schuldig**	Begriffe, deren Bedeutung subjektiv oder unklar ist, sind generell zu meiden! Wie wir gesehen haben, ist für den einen „gut" („schön"), was für den anderen „schlecht" („hässlich") ist. Auch „ungerecht" ist ein sehr subjektiver Begriff. Ebenso finden Worte wie „Schicksal", „Zufall", „zufällig", „Schuld" und „schuldig" oft unpassend und in unangemessener Art und Weise Verwendung.
HABEN UND SEIN:	
(ich) **habe** Angst	(ich) *bin* ängstlich/beängstigt
(ich) **habe** Bewunderung	(ich) *bewundere*
(ich) **habe** Hunger	(ich) *bin* hungrig
(ich) **habe** Intelligenz	(ich) *bin* intelligent
(ich) **habe** Mühe	(ich) *bin* bemüht
(ich) **habe** Sehnsucht	(ich) *sehne* mich
(ich) **habe** Sorgen/Probleme	(ich) *bin* besorgt
SONSTIGE:	
miss-	(siehe „ver")
ver-	meiden!

ÜBERSETZUNGEN

Einer meiner wichtigsten Grundsätze lautet: **„Behandele andere Menschen so, wie auch Du behandelt werden möchtest!"** Und ich liebe Beispiele! Da ich selbst gut und auch sehr gerne durch Beispiele lerne und Erklärungen anhand von Beispielen mit am besten verstehe, setze ich einfach voraus, dass dies auch bei anderen so ist. Daher habe ich mir erlaubt, einige Texte (praktische Beispiele aus dem täglichen Leben), welche viele der weitverbreiteten Negativformulierungen und auch andere magische Worte enthalten, angemessen zu übersetzen und die Energie der Worte in Harmonie und Einklang zu bringen mit der gedachten Aussage. Diese Übung lässt sich mit jedem beliebigen Text vollziehen und ist sehr effektiv.

Bei den folgenden Texten, die ich mir allesamt selbst ausgedacht habe, habe ich so viele Negativformulierungen eingebaut, wie mir möglich war, und es dabei mitunter auch etwas übertrieben. Jedoch geht es mir ja darum, möglichst viele Beispiele einzubauen. Bei den Texten handelt es sich um eine *Spielanleitung*, eine *CD-Beschreibung*, ein *Verkaufsgespräch*, ein *Gedankenspiel*, eine *Informationsbroschüre*, ein *Telefonat*, einen *Liebesbrief*, einen *Brief* an einen Freund, ein *Bewerbungsgespräch*, eine *schriftliche Bewerbung* und eine *Wegbeschreibung*.

Die obere, erste Version des jeweiligen Textes ist die „unbewusst" formulierte, deren Auswirkungen von „harmlos aber ungünstig" bis „katastrophal" reichen können. Hierin wimmelt es nur so von Negativformulierungen und anderen magischen Worten, die jeweils unterstrichen sind. Die untere, zweite Version ist jeweils die Übersetzung, die „bewusste" und durchdachte Formulierung, bei der die Negativformulierungen umgewandelt sind und die im Ganzen bedeutend positiver ausfällt...

Spielanleitung:

Zu Beginn des Spieles muss jeder Spieler (maximal 4) sich auf eine Farbe festlegen (rot, gelb, grün, blau) und seine Spielfiguren auf dem farblich entsprechenden Startfeld positionieren. Es muss im Uhrzeigersinn gewürfelt werden. Jeder Spieler muss mit einer seiner 4 Figuren entsprechend seiner Würfelzahl vorwärts laufen; zurückgehen ist nicht erlaubt. Welche Spielfigur sich bewegen soll, muss der Spieler nach jedem Würfeln neu entscheiden. Wenn ein Spieler eine 6 gewürfelt hat, muss er noch einmal würfeln. Wenn ein Feld bei Erreichen bereits durch die Spielfigur eines anderen Spielers besetzt ist, dann wird diese „rausgeworfen" und muss zurück auf die Anfangsposition, von wo aus sie von vorne beginnen muss. Der Spieler, der zuerst mit seinen 4 Spielfiguren die farblich entsprechenden Zielfelder erreicht, hat gewonnen.

Bei so viel „muss" – ja, da „muss" einem ja der Spaß am Spielen vergehen. Wesentlich einladender klingt dahingegen die folgende Version, bei der lediglich einige wenige (wenn auch magische) Worte verändert wurden:

Zu Beginn des Spieles darf jeder Spieler (1-4) sich eine Farbe aussuchen (rot, gelb, grün, blau) und seine Spielfiguren auf dem farblich entsprechenden Startfeld positionieren. Es wird im Uhrzeigersinn gewürfelt. Jeder Spieler läuft mit einer seiner 4 Figuren entsprechend seiner Würfelzahl vorwärts; ausschließlich vorwärtsgehen ist erlaubt. Welche Spielfigur sich bewegen darf, kann der Spieler nach jedem Würfeln neu entscheiden. Wenn ein Spieler eine 6 gewürfelt hat, darf er noch einmal würfeln. Vorausgesetzt ein Feld ist bei Erreichen bereits durch die Spielfigur eines anderen Spielers besetzt, so wird diese „rausgeworfen" und kann zurück auf die Anfangsposition, von wo aus sie von vorne beginnen darf. Der Spieler, der zuerst mit seinen 4 Spielfiguren die farblich entsprechenden Zielfelder erreicht, hat gewonnen.

CD-Beschreibung:

668 – neighbour of the beast / loveandlight (66,8 Min.)
Die Jungs hören sich immer noch hervorragend an! Fast 70 Minuten lang beste Musik – eine Zeit, in der Sie sich mit Sicherheit nicht quälen und auch nicht langweilen werden. Schrecken Sie nicht zurück vor 668 – neighbour of the beast! Loveandlight ist niemals „out"! Ich glaube, diese Band begeistert in gar nicht allzu langer Zeit auch die ältere Generation. Bisher nur in wenigen Ländern Europas bekannt, ist sie nun eigentlich auf dem besten Weg, den ganzen Kontinent zu erobern. Sie werden nicht enttäuscht sein. Hoffentlich wird diese Musik die Herzen aller erreichen. Die Texte sprechen den Geist an, aber die Musik berührt die Seele.

Eine ganz normale CD-Beschreibung, meinen Sie? Vielleicht - und dennoch: Wenn ich Worte höre wie „quälen", „langweilen", „Schrecken" und „out", denke ich an alles andere als an „gute Musik". Außerdem wimmelt es in diesem Text nur so von Negativformulierungen! Nach ein paar kleinen Änderungen hört sich das ganze schon wesentlich besser an:

668 – neighbour of the beast / loveandlight (66,8 Min.)
Die Jungs hören sich nach wie vor hervorragend an! Mehr als eine Stunde lang beste Musik – eine Zeit, in der Sie sich mit Sicherheit wohl fühlen und auch bestens unterhalten. Lassen Sie sich ein auf 668 – neighbour of the beast! Loveandlight ist immer „in"! Ich bin davon überzeugt, diese Band begeistert sehr bald auch die ältere Generation. Bisher immerhin in einigen Ländern Europas bekannt, ist sie nun wirklich auf dem besten Weg, den ganzen Kontinent zu erobern. Sie werden begeistert sein. Sicherlich wird diese Musik die Herzen aller erreichen. Die Texte sprechen den Geist an, und die Musik berührt die Seele.

Verkaufsgespräch:

Besonders bei Verkaufsgesprächen ist die Ausdrucksweise und die Wahl der Worte oft entscheidend. Von welchem Verkäufer lassen Sie sich vorzugsweise bedienen?

Kunde: *„Guten Tag! Hatten Sie nicht Fahrräder im Angebot? Wäre dieses hier teuer?"* **Verkäufer**: *„Dieses Fahrrad sollte ich Ihnen nicht empfehlen. Das ist nicht gut. Nehmen Sie lieber das hier, das ist nicht schlecht und auch nicht teuer."* **Kunde**: *„Gibt es das nicht vielleicht auch in grün?"* **Verkäufer**: *„Das könnte allerdings ein Problem werden! Ich glaube nicht, dass sich das machen lassen wird. Sie müssen sich noch die anderen Räder ansehen! Sie müssen ja schließlich nicht sofort entscheiden, was sie kaufen werden!"* **Kunde**: *„Das wäre keine schlechte Idee. Ich bin mir ohnehin fast sicher, dass das Geld im Moment nur für ein Fahrrad reicht! Dann werden wir heute nur das Dreirad für den Kleinen kaufen. Vielen Dank! Sie haben uns nicht schlecht beraten!"*

Vorausgesetzt ich eröffne ein Geschäft, ziehe ich diesem Verkäufer allerdings den folgenden vor, der mir einen weitaus positiveren und freundlicheren Eindruck macht und mit Sicherheit auch mehr verkauft als der erste:

Kunde: *„Guten Tag! Haben Sie Fahrräder im Angebot? Ist dieses hier preiswert?"* **Verkäufer**: *„Von diesem Fahrrad darf ich Ihnen abraten. Das lässt sich überbieten. Nehmen Sie lieber das hier, das ist gut und auch preiswert."* **Kunde**: *„Das gibt es doch bestimmt auch in grün?"* **Verkäufer**: *„Das ist allerdings eine Herausforderung! Ich bin sicher, dass sich das machen lässt! Sie können sich nach wie vor die anderen Räder ansehen! Sie dürfen ja schließlich in Ruhe aussuchen, was sie kaufen!"* **Kunde**: *„Das ist eine gute Idee. Ich bin mir sowieso beinahe sicher, dass das Geld im Moment allein für ein Fahrrad reicht! Dann kaufen wir heute wenigstens das Dreirad für den Kleinen. Vielen Dank für die gute Beratung!"*

Gedankenspiel:

Hier nun ein Beispiel dafür, wie wir uns in Gedanken mit einem Projekt beschäftigen beziehungsweise eines planen:

„Ich glaube, ich werde ein Buch schreiben. Ich hoffe nur, ich werde auch einen Verleger finden. Dieses Buch wird hoffentlich nicht langweilig! Ich befürchte nur, dass mir keiner zuhört. Falls das Buch bekannt werden sollte und die Leser die Wichtigkeit der Energien beziehungsweise Schöpfungskraft verstehen sollten, könnte ich probieren, auch andere Weisheiten zu vermitteln. Um eventuell noch mehr Leser zu erreichen, werde ich vielleicht versuchen, Kapitel für Kapitel meines Buches in Zeitschriften zu veröffentlichen! Ich habe jetzt schon total Angst, nur bei dem Gedanken daran. Ich hasse Arbeit, aber ich wollte schon immer ein guter Schriftsteller werden!"

Diese Art und Weise der Planung dürfen Sie allerdings getrost schnell wieder vergessen. Wenn man schon mit so einer Einstellung an die Sache herangeht, dann kann das ja nur schiefgehen. Besser klingt es dann folgendermaßen:

„Ich schreibe jetzt ein erfolgreiches Buch, und das findet sicherlich auch den passenden Verleger! Dieses Buch ist beeindruckend, das weiß ich! Mit diesem Buch verschaffe ich mir bestimmt Gehör. Vorausgesetzt das Buch ist erst einmal bekannt und die Leser wissen um die Wichtigkeit der Energien beziehungsweise Schöpfungskraft, so kann ich auch andere Weisheiten vermitteln! Um viele weitere Leser zu erreichen, veröffentliche ich Kapitel für Kapitel meines Buches in Zeitschriften! Ich bin jetzt schon total glücklich, allein bei dem Gedanken daran! Ich liebe es zu schreiben, und ich weiß schon seit ich schreiben kann, dass ich ein guter Schriftsteller bin!"

Informationsbroschüre:

„Der Leichenschmaus – ein Kult stirbt aus!"
Es gibt immer weniger Menschen, die nicht darüber nachdenken, was sie essen! Die Anzahl der Konsumenten, die sich kritiklos für eine fleischreiche Ernährung entscheiden, sinkt ständig. Nur zu den wenigsten hat sich noch nicht herumgesprochen, wie ungesund es ist, Fleisch zu essen. Nur wenige erkennen das Fleischessen nicht als eine ungesunde Angewohnheit an, ähnlich dem Rauchen. Durch den Konsum von Fleisch werden Verdauungsprobleme, Energieverlust, Krankheiten, Nahrungsmittelverschwendung, Hunger in der Dritten Welt, die Zerstörung der Lebensgrundlagen und ein negatives Karma verursacht! Und vergessen Sie nicht die tödliche Brutalität, die mit diesen tierischen Geschäften zusammenhängt. Nur das müsste schon Grund genug sein, kein Fleisch mehr zu essen!

Wenn pausenlos von Fleisch die Rede ist, überzeugen wir wohl kaum jemanden davon, dass es gut für ihn ist, sich vegetarisch zu ernähren. Überzeugender und motivierender ist dahingegen dieser Text:

„Der Leichenschmaus – ein Kult stirbt aus!"
Es gibt mehr und mehr Menschen, die darüber nachdenken, was sie essen! Die Anzahl der Konsumenten, die sich bewusst für eine vegetarische Ernährung entscheiden, steigt ständig. Immerhin zu den meisten hat sich herumgesprochen, wie gesund es ist, vegetarisch zu essen. Die meisten erkennen die vegetarische Ernährung als eine gesunde Angewohnheit an, ähnlich der Raucherentwöhnung. Durch die vegetarische Ernährung verhindern wir Verdauungsprobleme, Energieverlust, Krankheiten, Nahrungsmittelverschwendung, Hunger in der Dritten Welt, die Zerstörung der Lebensgrundlagen und ein negatives Karma! Und bedenken Sie die tödliche Brutalität, die mit diesen tierischen Geschäften zusammenhängt. Allein das ist schon Grund genug, vegetarisch zu essen!

Telefonat:

A: *Hallo! Ist heute nicht Montag? Wollten wir uns nicht heute treffen, um zu versuchen, Dein neues Lied zu singen? Ich glaube, wir waren verabredet. Ich muss mit Dir reden! Ich habe da ein Problem mit meinem Vermieter. Dazu muss ich Dir ein paar Fragen stellen.* **B**: *Ich muss heute arbeiten gehen und außerdem muss ich noch einkaufen und kochen, und mit dem Hund spazieren gehen soll ich auch. Vor morgen werden wir uns auf gar keinen Fall sehen können. Ich muss heute auch versuchen, mein Fahrrad zu reparieren.* **A**: *Das ist allerdings ein Problem! Wolltest Du nicht auch noch meine Mutter anrufen? Wollte sie Dir nicht erklären, wo der Fahrradladen war und wie der Mann hieß, der sie nie unfreundlich bedient?* **B**: *Das wäre keine schlechte Idee! Das werde ich gleich machen, bevor ich das vergesse! Ich bräuchte allerdings die Telefonnummer, sonst könnte das schwierig werden. Aber ich glaube, der Fahrradladen ist heute ohnehin nicht geöffnet.*

Ein wenig verändert, hört sich das Gespräch dann schon anders an:

A: *Hallo! Ist heute Montag? Wollen wir uns heute treffen, um Dein neues Lied zu singen? Ich bin sicher, wir sind verabredet. Ich will mit Dir reden! Es gibt da etwas zu erledigen mit meinem Vermieter. Dazu will ich Dir ein paar Fragen stellen.* **B**: *Ich will heute arbeiten gehen und außerdem möchte ich weiterhin einkaufen und kochen, und mit dem Hund spazieren gehen darf ich auch. Ab morgen können wir uns auf jeden Fall sehen. Ich will heute auch mein Fahrrad reparieren.* **A**: *Das ist allerdings eine Aufgabe! Willst Du nach wie vor meine Mutter anrufen? Sie will Dir doch erklären, wo der Fahrradladen ist und wie der Mann heißt, der sie immer freundlich bedient.* **B**: *Das ist eine gute Idee! Das mache ich gleich, wo ich gerade daran denke! Ich brauche allerdings die Telefonnummer, sonst ist das schwierig. Und ich denke, der Fahrradladen ist heute sowieso geschlossen.*

Liebesbrief:

Mein Liebster! Ich habe Sehnsucht nach Dir, aber ich hoffe, dass wir uns bald wiedersehen werden. Ich freue mich so sehr für Dich. Ich kann fühlen, was Du fühlen musst – das heißt nicht umsonst „Mitgefühl". Ich kann fühlen, wie sehr Dich erfüllen muss, was Du getan hast und tun wirst; ich kann spüren, wie sehr Du das Lernen genießen musst. Und das macht mich unglaublich glücklich! Mit Dir eins sein zu können, erfüllt mich mit unbeschreiblich viel Freude und Dankbarkeit. Ich wünschte, ich wäre Dein Spiegelbild. Ich würde es so sehr genießen, Dich einfach anzusehen. Ich will bei Dir sein Tag und Nacht! Ich hoffe, Du wirst noch eine wundervolle Zeit haben! Wir werden uns viel zu erzählen haben! Ich habe es fast geschafft, mein Buch zu beenden. Ich hoffe, es wird Dir gefallen! Bis Du zu Hause sein wirst, wird es hoffentlich fertig sein.
Mein Liebster, ich muss diesen Brief nun beenden, um Dir mit unendlicher Liebe diese Zeilen zu senden! Vergiss mich nicht: Ich liebe Dich! In Liebe! Die Deine!

Etwas positiver formuliert, sieht dieser Brief dann so aus:

Mein Liebster! Ich sehne mich nach Dir, und ich weiß, wir sehen uns bald wieder. Ich freue mich so sehr mit Dir. Ich fühle, was Du fühlst – das heißt aus gutem Grund „Mitgefühl". Ich fühle, wie sehr Dich erfüllt, was Du tust; ich spüre, wie sehr Du das Lernen genießt. Das macht mich unbeschreiblich glücklich! Mit Dir eins zu sein, erfüllt mich mit unendlich viel Freude und Dankbarkeit. Ich wünsche mir, Dein Spiegelbild zu sein. Ich genieße es so sehr, Dich einfach anzusehen. Ich bin bei Dir Tag und Nacht! Ich gehe davon aus, dass Du weiterhin eine wundervolle Zeit erlebst! Wir haben uns viel zu erzählen! Ich habe es bald geschafft, mein Buch zu vollenden. Ich weiß, es gefällt Dir! Bis Du zu Hause bist, ist es bestimmt fertig.
Mein Liebster, ich will diesen Brief nun vollenden, um Dir mit grenzenloser Liebe diese Zeilen zu senden! Denk an mich: Ich liebe Dich! In Liebe! Die Deine!

Brief:

Gerne würde ich die Freude mit Dir teilen, die ich empfinde, seit die Ungewissheit mich nicht mehr quält! Die Ungewissheit über das, was nach dem Tod mit uns geschieht. Ich hatte einen nicht alltäglichen Traum, wie ich ihn noch nie hatte – aber ich muss Dir davon erzählen! Niemals habe ich geglaubt, dass wir nach dem Sterben keine Erfahrungen mehr machen werden! In der letzten Nacht träumte ich, dass mein Vater mit mir gesprochen hat. Er sagte, dass er jetzt, da er tot sei, noch ein Mal mit mir über das Jenseits reden wollte. Er wollte mir einen Beweis schenken: Er verriet mir, wo ich im Hause seiner Mutter die Quittung von dem Mixer finden müsste, die er dort hingelegt hatte. Aber das konnte nur er wissen. Ich rief meine Oma an, um zu erfahren, ob sie wusste, wo das Papier war. Sie glaubte, mein Vater hätte es nie von zu Hause mitgebracht. Als ich sagte, dass sie oben auf dem Schrank nachsehen sollte, staunte sie nicht wenig, als sie es dort fand. Sie glaubt jetzt auch nicht mehr, dass man nach dem Sterben nicht mehr weiterleben wird.

Und so klingt das dann positiv formuliert:

Gerne teile ich die Freude mit Dir, die ich empfinde, seit die Gewissheit mich erfüllt! Die Gewissheit über das, was nach dem Leben mit uns geschieht. Ich hatte einen außergewöhnlichen Traum, anders als sonst immer – und ich will Dir davon erzählen! Schon immer weiß ich, dass wir nach dem Leben nach wie vor Erfahrungen machen! In der vergangenen Nacht träumte ich, dass mein Vater mit mir spricht. Er sagte, dass er jetzt, da er tot ist, ein weiteres Mal mit mir über das Jenseits reden will. Er schenkte mir einen Beweis: Er erzählte mir, wo ich im Hause seiner Mutter die Quittung von dem Mixer finden kann, die er dort hingelegt hatte. Und das wusste allein er. Ich rief meine Oma an, um zu erfahren, ob sie weiß, wo das Papier ist. Sie dachte, mein Vater hat es zu Hause gelassen. Als ich sagte, sie solle oben auf dem Schrank nachsehen, staunte sie sehr, als sie es dort fand. Sie ist jetzt auch davon überzeugt, dass man nach dem Sterben weiterlebt.

Bewerbungsgespräch:

Bewerber: *Guten Tag! Ich glaube, dass bei Ihnen noch eine Stelle nicht vergeben war! Ich würde mich gerne darum bewerben.* **Arbeitgeber**: *Mögen Sie Kinder?* **Bewerber**: *Ich hatte noch nie eine Abneigung gegen Kinder!* **Arbeitgeber**: *Können sie gut mit Kindern zurechtkommen? Wir haben nicht wenig Kinder als Gäste!* **Bewerber**: *Ich will nicht sagen, dass ich mich in der letzten Zeit ausschließlich mit Kindern beschäftigt habe, aber ich hoffe, dass es für die hier an mich gestellten Anforderungen nicht zu wenig ist. Mit Kindern umzugehen, fiel mir nie schwer.* **Arbeitgeber**: *Haben Sie schon mal serviert oder als Kellner gearbeitet?* **Bewerber**: *Nein – aber ich habe in einer Kantine gearbeitet.* **Arbeitgeber**: *Haben Sie dort gekocht?* **Bewerber**: *Nein – aber Desserts zubereitet.* **Arbeitgeber**: *Ich muss darüber nachdenken – ich werde Sie dann anrufen...*

Der zweite Bewerber sagt fast dasselbe:

Arbeitskraftgeber: *Einen schönen guten Tag wünsche ich Ihnen! Ich bin Herr Vorragend. Ich weiß, dass bei ihnen nach wie vor eine Stelle frei ist! Um die bewerbe ich mich hiermit!* **Arbeitskraftnehmer**: *Mögen Sie Kinder?* **Arbeitskraftgeber**: *Ich empfinde schon immer viel Zuneigung für Kinder!* **Arbeitskraftnehmer**: *Kommen sie gut mit Kindern zurecht? Wir haben viele Kinder als Gäste!* **Arbeitskraftgeber**: *Ich darf sagen, dass ich mich in der letzten Zeit reichlich mit Kindern beschäftige, und ich bin davon überzeugt, dass es für die hier an mich gestellten Anforderungen genug ist. Mit Kindern umzugehen, fällt mir schon immer leicht.* **Arbeitskraftnehmer**: *Haben Sie schon mal serviert oder als Kellner gearbeitet?* **Arbeitskraftgeber**: *Ja – ich habe in einer Kantine gearbeitet!* **Arbeitskraftnehmer**: *Haben Sie dort gekocht?* **Arbeitskraftgeber:** *Ja – Desserts zubereitet!* **Arbeitskraftnehmer:** *Ich will darüber nachdenken – ich rufe Sie dann an!*

Was glauben Sie, wer den Job in der Eisdiele bekommt?

Schriftliche Bewerbung:

Gerade bei schriftlichen Bewerbungen schwingen eine Menge Energien mit, und es ist durchaus vorteilhaft, sich dieser bewusst zu sein. Der Empfänger schätzt schließlich nach dem Lesen unserer wenigen geschriebenen Worte eine ganze Person ein, die er auf diese Weise kennenlernen will. Kaum irgendwo wird wie hier „jedes Wort auf die Goldwaage gelegt“!

Wie ich Ihrem Aushang entnahm, suchen sie immer noch Verkäufer. Ich habe noch nie in einem Bioladen gearbeitet, aber die Biobranche hat mich bereits lange interessiert. Ich glaube, dass biologisches Essen das einzige ist, das nicht ungesund ist. Das ist auf keinen Fall unwichtig, daher würde ich diese Branche gerne unterstützen. Auch mit Menschen zusammenzuarbeiten, fände ich nicht unangenehm. Als Letztes habe ich in einem Supermarkt gearbeitet, wo ich nicht nur für den Einkauf und das Füllen der Regale, sondern auch für die Kasse zuständig war. Ich glaube, dass Sie sich jetzt ein Bild von mir gemacht haben müssten. Über eine Einladung zu einem persönlichen Gespräch würde ich mich sehr freuen.

Ein positiver Ausdruck macht auch gleich einen positiven Eindruck:

Wie ich Ihrem Aushang entnehme, suchen sie nach wie vor Verkäufer. Ich will schon immer in einem Bioladen arbeiten, und die Biobranche interessiert mich bereits lange. Ich weiß, dass biologisches Essen das einzige ist, das gesund ist. Das ist auf jeden Fall wichtig, daher unterstütze ich diese Branche gerne. Auch mit Menschen zusammenzuarbeiten, finde ich angenehm. Bis vor kurzem war ich in einem Supermarkt beschäftigt, wo ich neben dem Einkauf und Füllen der Regale auch für die Kasse zuständig war. Ich gehe davon aus, dass Sie sich jetzt ein Bild von mir gemacht haben. Über eine Einladung zu einem persönlichen Gespräch freue ich mich sehr.

Wegbeschreibung:

Jeder kennt das: Manch einer gibt uns eine kurze und präzise Wegbeschreibung, die uns unseren Weg auf Anhieb finden lässt, ein anderer tut sich damit schwerer...

„Der Weg zum Bahnhof? Das ist nicht schwer! Da fahren Sie hier einfach weiter – nicht abbiegen – und dann am Rathaus vorbei und am Gemüseladen und an der Post...und dann kommt auf der linken Seite eine große Tankstelle, da auf gar keinen Fall rechts abbiegen! Etwa zwei oder drei Querstraßen weiter kommt dann eine Bücherei, die ist nicht groß. Kurz hinter der Bücherei kommt eine Kreuzung, an der auch eine Telefonzelle steht. Da müssen Sie dann rechts abbiegen. Auf der linken Seite kommt dann ein Park, da müssen Sie dran vorbei. Hinter dem Park ist ein Parkplatz, und dann kommt ein großes Einkaufszentrum. Hinter dem Einkaufszentrum kommt wieder eine Kreuzung. Hinter der Kreuzung ist auf der rechten Seite eine Kirche. Auf der linken Seite geht dann eine weitere Querstraße ab – die führt direkt zum Bahnhof!"

Na, wer weiß, wo dieser Kamerad wohl landet... Bei so vielen Zusatzinformationen ist es äußerst schwer, das Wichtige herauszufiltern und im Kopf zu behalten. Auch die Klarheit und manchmal Kürze oder Konzentration auf das Wesentliche ist bei Texten von Bedeutung, und das ganz bestimmt, wenn wir uns eine Wegbeschreibung merken wollen. Machen Sie einmal die Skizze zu obiger „Wegbeschreibung"! Sie stellen fest, sie lässt sich auf einige wenige Sätze minimieren – wobei dann allerdings der Sightseeing-Charakter entfällt und wir weniger über die Stadt erfahren...

„Der Weg zum Bahnhof? Das ist einfach! Da fahren Sie hier einfach geradeaus bis zu der Kreuzung hinter der kleinen Bücherei. Da biegen Sie rechts ab und fahren geradeaus bis zur nächsten Kreuzung. Hinter der Kreuzung können Sie die erste Straße links abbiegen – die führt direkt zum Bahnhof!"

REDE-WENDUNGEN

Manch eine Redewendung entpuppt sich tatsächlich im wahrsten Sinne als Rede-Wendung!

Sagen wir zum Beispiel *„Das fehlt mir noch!"* oder *„Das fehlt mir noch zu meinem Glück!"* oder auch *„Das hat mir gerade noch gefehlt!"*, so meinen wir in Wahrheit genau das Gegenteil - eine klassische Rede-Wendung!

Wenn wir beispielsweise jemandem wünschen *„Wird schon schiefgehen!"* oder *„Hals und Beinbruch!"* oder Ähnliches, so meinen wir auch hier tatsächlich etwas ganz anderes als wir sagen. Es stellt sich die Frage, wie der Mensch auf die Idee kam, jemandem auf diese Art und Weise „Glück" zu wünschen! Vielleicht hatte ja damals schon einer festgestellt: Immer wenn ich sage: „Ich will nicht, dass was schiefgeht!", dann geht etwas schief. Also wünsche ich jetzt immer das Gegenteil von dem, was ich meine...

Guter Ansatz - aber dann... Na ja, wer weiß, wo diese Redewendungen herstammen - es ist jedenfalls sinnvoll, sich solche Angewohnheiten schnellstens wieder abzugewöhnen!

Und wir sagen noch viel extremere Sachen! Hören Sie genau hin, nehmen Sie das mal wörtlich:

Ich breche ab! - Ich breche zusammen! - Ich lach mich tot! - Ich bin gestorben vor lachen! - Ich gehe ein! - Ich sterbe! - Ich geh kaputt! (Gehst Du mit?) - *Das ist tödlich!...*

Allein die Anzahl an „tödlichen" Sprüchen (die auf Dauer tatsächlich eine ähnliche Wirkung haben wie „tödliche Zaubersprüche") ist beeindruckend - hinzu kommen dann Worte wie *todlangweilig, todkrank, sterbenskrank* oder *Bombenstimmung*. Dahingegen wirken Formulierungen wie: *„Ich lach mich krank!"* - *„Ich kriege eine Krise!"* - *„Ich werde verrückt!"* - *„Ich glaube, ich werde verrückt!"* relativ harmlos!

Der eine sagt: *„Der Drucker läuft wieder wie geschmiert!"*, dabei meint er: Der Drucker läuft - nicht mehr „wie geschmiert", sondern gestochen scharf!

Ein anderer sagt: *„Ich reiß mir ein Bein aus* (oder auch: *den Arsch auf*) *für diese Frau!"*, und auch dies ist durchaus anders gemeint als es sich anhört.

Alles in allem heißt es bei Redewendungen: Aufpassen! Bewusst reden! Hören Sie genau hin, was Sie da sagen. Vorausgesetzt Sie stellen fest, dass Sie den ein oder anderen Spruch ständig wiederholen, obwohl ihnen klargeworden ist, dass Sie sich damit schaden, so empfehle ich, dass Sie sich ganz bewusst einen Ersatz-Spruch überlegen und sich dann angewöhnen, diesen zu benutzen.

Der erste Spruch, der mir bei mir selbst aufgefallen ist, war: *„Der kann mich mal am A.... lecken!"* Stattdessen sage ich inzwischen: *„Der kann mich mal gern haben!"* Eine viel angenehmere und sinnvollere Energie! Gleichzeitig wandelt sich jedes Mal die Energie, die diesen Spruch von mir verursachte, um in eine friedliche und glückliche, allein schon wegen dem Erfolgserlebnis, dass ich daran denke, es genau so auszudrücken! Meine Wut wandelt sich regelrecht in Dankbarkeit um für die Chance, meinen Spruch üben zu dürfen! So macht Entwicklung Spaß!

Vorausgesetzt ich möchte jemand anderen beruhigen, zitiere ich wieder und wieder einen Spruch, den ich von einer alten Reinhard-Mey-Platte kenne: *„Was juckt es den Baum, wenn ein Schwein sich daran kratzt!"* Apropos kratzen: *„Das juckt mich nicht!"* wirkt wie „Das juckt mich!" - auch so ein Spruch, der mit Vorsicht zu verwenden ist. Auch die Bitte: *„Nimm es mir nicht übel!"*, kann durchaus nach hinten losgehen!

Auch auf eine andere Art und Weise kann unsere *Rede* für *Wendungen* in unserem Leben sorgen. Wir können es natürlich auch übertreiben mit dem wörtlich nehmen, frei nach dem Motto *„Bloß keinen Ärger vermeiden!"* und uns auf diese Weise *„Feinde schaffen ohne Waffen"*:
„Was sagst Du zu meiner neuen Couch?" „Hallo Couch!"
„Wie findest Du meine Schuhe?" „Ich sehe auf Deine Füße!
„Hast Du Hunger?" „Wer nicht? Natürlich - wenn ich hassen könnte, würde ich Hunger hassen! Hungrig bin ich nicht, falls Du das meinst, ich bin satt!"

Also bitte nicht übertreiben mit dem Wörtlichnehmen!

Teil 3:

Praktische Anwendung

ERFOLGREICH BETEN!

Bedenke gut, was Du Dir wünschst...
...denn jeder Wunsch erfüllt sich zu gegebener Zeit!

Viele Menschen wundern sich, dass ihre Gebete scheinbar wirkungslos verhallen beziehungsweise die Erfüllung ihrer Wünsche zu wünschen übrig lässt. Meiner Meinung nach sind Wünsche dasselbe wie Gebete, zumindest die „Gebete" der meisten. Es gibt zwei Sorten von Gebeten: Wünsche und Danksagungen. Letztere sind allerdings leider eher selten! Nun – kommen wir zu der Frage, warum so viele Wünsche anscheinend unerfüllt bleiben:

Hören Sie sich einmal die Wünsche der Menschen an:
Ich will *reich* werden! Ich will *schön* werden! Ich will *erfolgreich* werden!

Und die etwas Schlaueren:
Ich will *gesund* werden! Ich will *glücklich* werden! Ich will *schlau* werden!

Ahnen Sie schon etwas? Sie wollen erfolgreich werden?
Na, dann *werden* Sie mal erfolgreich!

Sie wollen glücklich werden? Dann *werden* Sie mal glücklich!

Ich verrate Ihnen ein Geheimnis: Wesentlich angenehmer als glücklich zu „werden" ist es, glücklich zu *„sein"*! Ich spreche da aus Erfahrung!

Wenn ich beten würde: „Ich wünsche mir, dass mein Liebster Vegetarier wird!", so könnte ich lange warten – vielleicht ist er eines Tages Vegetarier, doch das hat dann vermutlich wenig mit mir oder meinem Gebet zu tun! Wenn ich dahingegen wünsche: „Ich wünsche mir, dass mein Liebster Vegetarier ist!" beziehungsweise „...dass mein Liebster sich gesund und vegetarisch ernährt!", dann sind meine Chancen, einen positiven Einfluss auszuüben wesentlich größer!

Der zweite Punkt, der beim Beten beziehungsweise Wünschen zu beachten ist, ist die Negativformulierung. Ich gehe davon aus, dass dieses Thema nun ausführlich genug behandelt worden ist, so dass ich mir hier weitere Ausführungen, die eine Wiederholung wären, sparen kann. Wenn wir beten: „Lieber Gott, lass mich nicht sterben!" oder „...lass mich nicht arm werden!" oder „...mach, dass sie es nicht finden!" - so ist es nur logisch, dass das danebengeht. Doch wir lernen aus jeder Erfahrung! Meine Urgroßmutter hatte schon stets die hilfreiche Lebensweisheit im Kopf: ***„Ist der Schaden noch so groß, ein Nutzen ist immer dabei!"***

Übrigens ist das ein hervorragendes Erfolgsrezept, wenn man lernen möchte, ruhig zu bleiben - für alle, die sich schnell und viel aufregen; natürlich auch für die anderen. Auf dem Weg der Bewusstwerdung ist die Lektion, ruhig zu bleiben, eine der Meisterübungen! Machen Sie das mal: sich nicht aufregen, egal ob Sie nun gerade Geld verloren, einen Stachel im Fuß, einen unliebsamen Bekannten getroffen, einen Telefonverkäufer am Telefon, einen Computerabsturz, ein schreiendes Kind auf dem Arm, einen kläffenden Hund vor dem Haus, ein kaputtes Auto in der Garage, eine Kündigung vom Arbeitgeber (Arbeitskraftnehmer!) oder Vermieter... oder sonst etwas haben! Ruhig bleiben! Alles annehmen, wie es ist, und darüber nachdenken, wofür es gut ist! Probieren Sie es! Es lohnt sich!!!

Ein Drittes, was es zu wissen gilt, um erfolgreich zu beten oder zu wünschen, ist die Bedeutung des *Loslassens*. Wenn wir einen Wunsch erst einmal richtig formuliert und deutlich ausgedrückt haben, können wir ihn *loslassen*, damit er seine Wege gehen und sich erfüllen kann. Sicherlich ist es hilfreich, einen Wunsch mehrere Male zu wiederholen, um damit die Energie zu stärken. Allerdings ist hier Vorsicht geboten!

Einen Wunsch immer wieder zu wiederholen aus reiner Freude bei der Vorstellung daran, ist die eine Sache. Doch es gibt eine feine Grenze, die den Unterschied macht zwischen dieser und einer anderen Art des Wünschens. Wenn wir unseren Wunsch ständig wiederholen, weil wir Angst haben, dass die Erfüllung ausbleibt und unsere Zweifel überspielen wollen, indem wir immer wieder diesen Wunsch wiederholen, dann geht der (Energie-)Schuss nach hinten los, denn wir wissen ja: Zweifel ist Gift!

Angstfreies, liebevolles, überzeugtes und bestimmtes Wollen - frei von jedem Zweifel - ist die Voraussetzung für jede Wunscherfüllung! Wer auffallend oft seinen Wunsch oder sein Gebet wiederholt, darf sich fragen, ob er von der Freude oder der Angst motiviert ist und eventuelle Zweifel überprüfen!

Jeder Wunsch, jeder Gedanke, jedes Wort, jedes Handeln entspringt entweder dem Brunnen der Liebe oder der Angst. Was wir auch tun, eine dieser beiden Kräfte ist unsere Antriebskraft, und wir tun gut daran, dies immer wieder aufs Neue zu überprüfen.
Von welchem Wunsch wir auch durchdrungen sind, es lohnt sich, sich selbst zu fragen: Will/Denke/Sage/Mache ich das aus Liebe oder aus Angst? Dieses Hinterfragen beschert uns zahlreiche Überraschungen und schenkt uns sehr wertvolle Erkenntnisse!

Loslassen zur richtigen Zeit ist eines der schwierigsten Details beim erfolgreichen Wünschen! Daher ist es so wichtig, dass wir die Energieabläufe im feinstofflichen Bereich, also im kosmischen Geistfeld verstehen. Wenn wir wirklich verstehen, warum es hilfreich ist, einen gut formulierten und ausgedrückten Wunsch loszulassen, dann tun wir es auch. Jeder Mensch tut schließlich das, wovon er glaubt, dass es das Richtige ist! Damit Sie den Sinn des *Loslassens* noch besser nachvollziehen können, gehen wir noch etwas näher darauf ein.

Wünsche und Gebete kann man *loslassen*, genauso wie man in einer gut funktionierenden Firma, in der jeder einen Teil der Arbeit übernimmt und seine eigene Funktion beziehungsweise Aufgabe hat, sein Ergebnis an den nächsten in der Gruppe weitergibt! Wenn der Architekt auf seinen Plänen hockt und daran festhält - aus lauter Angst, der nächste könnte etwas falsch machen und das gesamte Projekt gefährden –, statt sie weiterzugeben an die Bauleute, wie sollen die Bauarbeiter dann jemals mit ihrem Teil der Arbeit beginnen und das Haus (oder was auch immer) bauen - also den Plan ausführen? Und wie soll man etwas Neues anfangen, wenn man mit beiden Händen noch an dem Alten festhält?

Genauso können wir auch unsere Wünsche und Gebete im Leben weitergeben, also *loslassen*, sozusagen unsere Arbeitsanweisungen an die geistige

Welt, an das kosmische Geistfeld. Genau wie in einer Firma können wir unsere Ideen, wenn wir sie erst einmal bewusst formuliert und ausgedrückt haben, getrost *loslassen*, damit die „geistigen Helfer" ihre Arbeit tun können.

Auch ein Boot, das wir erst geplant und dann gebaut haben, kann erst schwimmen, wenn wir es *loslassen*. Dann kann es sich treiben lassen auf dem Wasser wie unsere Gedanken und Wünsche im Meer der Gedanken und Energien (kosmisches Geistfeld). Wie bei einem Modellflugzeug, genießen Sie die Freude der Erfüllung Ihrer Wünsche erst, wenn Sie sich trauen, sie fliegen zu lassen.

Es gibt noch einen vierten, vielleicht den wichtigsten Punkt, den es beim Beten und Wünschen zu beachten gibt:
„Nicht gackern, Eier legen!", ist meine Lieblingsformulierung für das, was man auch folgendermaßen formulieren kann: „Hilf Dir selbst, dann hilft Dir Gott!"

Wir bekommen von der geistigen Welt jede Hilfe zuteil, die wir brauchen, wenn wir nur darum bitten, allerdings: Hilfe! Wer erwartet denn von der Energie Gottes, dass sie unsere Bequemlichkeit unterstützt? Wir haben schon unseren Teil dazu beizutragen! Jeder hat seine Aufgabe! Viele Menschen beten und wünschen sich Dinge, die sie genauso gut selbst bewerkstelligen können! Wie kommt man auf die Idee, Gott um viel Geld und Reichtum zu bitten?

Wir haben unzählige Möglichkeiten, dies selbst zu erreichen, wenn es uns wirklich wichtig ist, wenn es so viel Bedeutung für uns hat, dass wir auch bereit sind, etwas dafür zu tun! Und genau darum geht es, um diese Bereitschaft! Wenn wir bereit sind, uns selbst zu helfen - und das bedeutet ganz klar, uns in Bewegung zu setzen und was immer es auch ist zu beginnen! -, dann stellt sich auch alle Hilfe ein, die wir für unsere Vorhaben benötigen! Nur wünschen alleine ist ein bisschen wenig: Nicht gackern, Eier legen!

Wie kann jemand im Ernst für seine Gesundheit beten und dann anschließend eine Zigarette rauchen oder sich ein blutiges Steak reinziehen? Und dann Gott dafür verantwortlich machen, dass man einen zu hohen Cholesterinspiegel hat - den Schöpfer aller Lebewesen, auch des Tieres, das wir da soeben verzehrt haben! Was soll das Tier denn dazu sagen? Lieber Gott, war wohl nix?!

Das Leben ist ein geduldiger Lehrer - der beste! Wir dürfen lernen und lernen und es jederzeit besser machen als zuvor - oder auch nicht, das bestimmen wir selbst, dafür haben wir unseren freien Willen, das größte Geschenk der Schöpfung! Und wir bekommen jedes Mal die Wirkungen unserer Ursachen zu spüren und dürfen sehen, woran wir noch arbeiten können. Göttliche Gerechtigkeit! Was Gott ist? Ich bin zwar kein Christ und gehöre auch sonst keinerlei Religion, Glaubensgemeinschaft oder anderen Vereinigung an, aber - Gott ist: alles! Alles ist Gott! (Wer mehr darüber wissen will, dem sei das Buch „Alles ist Gott!" von Johannes Holey empfohlen, das ich mehrfach gelesen habe!)

Ich werde oft gefragt, was Liebe ist! Ich fand in der letzten Zeit drei wunderschöne Beschreibungen dafür. Die erste ist sehr romantisch und gleichzeitig absolut wahr:
Liebe ist... der Grund, warum wir auf Erden sind!

Die zweite ist vielleicht meine liebste und jedenfalls die kürzeste:
Liebe ist... ohne Probleme!

Die dritte Beschreibung hat eine etwas praktischere Formulierung und ist ebenso wahr wie die beiden anderen!
Liebe ist: Erkennen, Verstehen, Verzeihen - und Helfen, ohne zu fragen!

SELBSTPROGRAMMIERUNG

Liebe ist die stärkste Kraft! Liebe ist die kraftvollste Energie - im Licht der Liebe glänzt alles in seinen leuchtendsten Farben! Auch Angst ist eine sehr starke Energie - im Dunkel der Angst verlieren die leuchtendsten Farben ihren Glanz! Angst kann Feuer entfachen! Liebe allerdings befähigt uns, es zu durchschreiten, ohne uns zu verbrennen!

Die verheerenden Auswirkungen von Angst haben wir uns bereits weiter vorne im Buch angesehen. Wir sehen, dass es äußerst sinnvoll ist, die Angst in unserer Sprache, unseren Ausdrücken und somit unserem Leben umzuwandeln in liebevolle Energie. Durch eine positive Ausdrucksweise programmieren wir uns selbst um und schaffen uns dadurch ein ebenso positives Dasein! So wandeln wir ein angst-volles in ein liebe-volles Leben!

So wie „HTML" fürs Internet, so bildet unsere Sprache und Ausdrucksweise - in Verbindung mit unseren entsprechenden Gedanken und Emotionen - die „Programmiersprache" des Lebens. Dieser Vorgang wird auch als „Programmierung unserer eigenen Matrix" bezeichnet! (neuesoterisch!)

Mit allem, was wir ausdrücken, schaffen wir neben unseren Lebenssituationen, in und mit denen wir uns zurechtfinden dürfen, auch unsere Einstellung zu den Dingen, also unsere Glaubenssätze. Wir programmieren somit neben dem Programm des Lebens (Realität) auch noch uns selbst, unser Bewusstsein!

Die vermehrte Verwendung des Wortes „dürfen" macht uns beispielsweise bewusst (programmiert), dass was immer wir tun dürfen ein Geschenk ist, eine Gelegenheit zu erleben und zu erfahren.

Ganz anders ist es mit dem Wort „müssen". Durch vermehrte Verwendung dieses Wortes reden wir uns ständig Druck, Pflichten und Zwänge ein, die größtenteils nicht einmal existieren - lediglich in unserer „Vorstellung"! Hier zeigt sich einmal mehr, wie entscheidend die „Vorstellungs-

Kraft" sich auf unser Gemüt und unser Leben auswirkt! (Na – das ist ja eine feine Vorstellung!)

Die Klassiker der (schadhaften) Selbstprogrammierungen und Selbstsuggestionen sind (Glaubens-)Sätze wie: „Ich bin *jedes Jahr zweimal* erkältet!" oder „*Im Frühling* habe ich *immer* Heuschnupfen!" Oft genug wiederholt, funktioniert das mit Sicherheit! Solche Glaubenssätze sitzen manchmal so tief, dass es schon mal eine ganze Weile dauern kann, bis man sich dessen bewusst wird und sein Schicksal zum Angenehmen ändert. Auch ich habe früher fest daran geglaubt, dass ich jeden Winter eine Erkältung bekomme! Das hat auch prima hingehauen! Kam immer wie bestellt – bis ich damit aufgehört habe, daran zu glauben. Heute gehe ich einfach selbstverständlich davon aus, dass mein Immunsystem so stark ist, dass ich natürlich immer gesund bin!

Wie wir sehen, ist auch die Kraft der Wiederholung bei der Selbstprogrammierung von Belang! Im Normalfall glauben wir das, was wir gerade sagen! Außer wenn es sich gerade (um hohe Politiker beziehungsweise) um eine bewusste Lüge handelt, sind wir von unseren Worten in der Regel überzeugt! Sie spiegeln unseren Glaubensinhalt, unsere Überzeugungen wider. Wenn wir nun einen bestimmten Satz oder auch Gedanken immer wieder wiederholen, stärkt das unseren dementsprechenden Glauben daran und somit auch die damit einhergehende Schöpfungskraft! Die verschiedensten Religionsführer machen sich diese Funktionsweise zunutze, indem sie ihre „Schäfchen" oder „Anhänger" stundenlang denselben Satz wiederholen lassen. Da muss man ja dann irgendwann daran glauben!

Natürlich kann die Programmierung durch die Kraft der Wiederholung ebenso zu anderen Erziehungszwecken genutzt werden. Wie die Kirche ihre „Schafe" programmiert, so programmiert das Fernsehen zum Beispiel die Zuschauer und die Zeitungen die entsprechenden Leser genauso durch immer wiederholte Glaubenssätze. Ebenso wiederholen wir als Eltern unseren Kindern gegenüber stets unsere wichtigsten Glaubenssätze.

Man kann diese Kraft der Wiederholung natürlich auch sinnvoll für sich selbst nutzen, zum Beispiel um sich Mut einzureden oder um alte Programme bewusst zu verändern oder aus vielfältigen anderen Gründen.

Beispielsweise können wir uns vor einer Rede selbst bestärken, indem wir uns bewusst machen und mehrfach wiederholen: „Ich bin ein brillanter Redner!“ Alte Programme wie „Wenn ich kein Fleisch esse, werde ich krank und sterben!“ lassen sich ersetzen durch neue Wahrheiten wie „Vegetarische Kost enthält alles, was ich zum Gesundsein brauche!“

Alles, woran wir glauben, kann durch entsprechende neue Erkenntnisse plötzlich veraltet sein. Wir können jederzeit veraltete Programme durch neue ersetzen. Je öfter wir die neue Erkenntnis für uns selbst wiederholen, desto tiefer wird sie in unser Bewusstsein eindringen und sich damit vereinen.

Zum Beispiel lohnt es sich, dieses Buch mehrfach zu lesen! Ich habe darauf geachtet, Negativformulierungen zu meiden und beinahe ausschließlich positiv formuliert. Das ist natürlich eine sehr gute Gelegenheit, um sich an eine positive Ausdrucksweise zu gewöhnen. Im Buch sind außerdem viele magische Worte optisch hervorgehoben, was den Leser automatisch daran gewöhnt, die Signalwörter zu erkennen und entsprechend zu reagieren. Auf die Kraft der Wiederholung gehen wir in dem Kapitel „Sprachmagie und Psychologie“ weiter ein!

Beim Schreiben dieses Buches fiel mir - während ich so über die Begriffe „müssen“ und „sollen“ nachsann - etwas auf, was offensichtlich auch mit Sprachmagie, also mit der Macht der Programmierung durch Worte beziehungsweise der Kraft der Wiederholung in Verbindung steht. Und zwar zeichnen sich die verschiedenen Lebensalter des Menschen - Geburt, Kindheit, Jugend, Erwachsensein und Rentenalter - durch verschiedene Grundeinstellungen dem Leben gegenüber aus, die sich jeweils mit einem kurzen Satz zusammenfassen lassen.

1. Ich *darf* leben! (Geburt) - „Darf ich das?“
2. Ich *kann* leben! (Kindheit) - „Sieh mal, was ich kann!“
3. Ich *soll* leben! (Jugend) - „Immer soll ich irgendwas!“
4. Ich *muss* leben! (Erwachsensein) - „Man muss so vieles im Leben!“
5. Ich *darf* leben! (Rentenalter) - „Ich kann und darf so vieles!“

Ich nenne dies das „Drama des Lebens"! Interessanterweise schließt sich der imaginäre Kreis in der letzten (diesseitigen) Lebensphase. Je näher wir dem Jenseits sind, desto größer ist unser Bewusstsein und unsere Dankbarkeit für das Geschenk des Lebens. Je tiefer wir uns während des Lebens auf die Materie einlassen (Diesseits), desto mehr empfinden wir das Leben als kompliziert. Viele empfinden den jedem innewohnenden Lebensdrang dann als Lebenszwang! Manche empfinden ihr Leben sogar als eine Last!

Nach der **Geburt** stellen wir erst einmal fest, dass wir leben *dürfen*. In den ersten Lebensjahren finden wir heraus, was wir alles tun und erleben dürfen im Leben. Wir stellen fest, dass in einem Leben in dieser Gesellschaft viele Grenzen existieren, die es kennenzulernen gilt.

In der **Kindheit** finden wir dann heraus, wo diese Grenzen liegen und was wir alles *können* im Leben! Mit den Jahren nimmt die Gesellschaft immer mehr Einfluss auf unser Denken, und so reden wir uns (abwechselnd mit der Gesellschaft) mit der Zeit ein, *die* Grenzen zu kennen. Die Grenzen, an die wir nun glauben, sind in den meisten Fällen sehr eng gesetzt und haben mit der von Natur aus gegebenen Realität sehr wenig zu tun. Zum Beispiel lernen wir, an einer roten Ampel stehenzubleiben. Wenn das jedoch ein erwachsener Mensch tut, und zwar nachts um drei in einer verlassenen Gegend, in der er über mehrere Kilometer die Straße überblicken kann, dann schüttelt sich mein Kopf von ganz alleine! Wenn eine Frau in einer langen Schlange vor dem Frauenklo wartet und sich eher in die Hose pinkelt als im Hinblick auf die Dringlichkeit das absolut leere „Männerklo" zu benutzen, dann „muss" ich lachen. Offensichtlich sind diese Menschen so sehr in einer beliebig festgelegten Realität gefangen, dass sie sich meiner Meinung nach absolut unnatürlich verhalten.

In der **Jugend** tauchen langsam immer mehr sogenannte Pflichten in unserem Leben auf, die uns das Gefühl geben, dass wir alles mögliche im Leben *sollen*. Eine permanent suggerierte Erwartungshaltung von außen beschwert unser Bewusstsein. Pflichten sind ähnlich wie Probleme dasselbe wie Aufgaben - man kann sie als Last oder auch als Geschenk empfinden, alles eine Frage der Einstellung! Ungeachtet jeder Intelligenz, ist unser System - speziell das (V)Erziehungssystem unserer Gesellschaft - bereits auf Konkurrenzdenken, Druck und Ähnliches aufgebaut, so dass wir die Geschenke und Aufgaben des Lebens vermehrt als Zwang empfinden. Was ursprünglich durch den natürlichen Drang nach Wissen freiwillig entsteht - Entwicklung, Bildung -, wird durch den negativen Einfluss des unsozialen Systems unter dem ständigen Druck irgendeiner „Konkurrenz" zu einem Zwang. Plötzlich empfindet eine ganze Generation - die eben noch als Kind spielend leicht und vor allem gerne lernte - das Lernen an sich schon als etwas Negatives. Eine ganze Lebensphase wird geprägt durch Sätze wie: „Ich soll Hausaufgaben machen!" oder „Ich soll lernen!"

Mit der Zeit sind wir (v)**erwachsen** geworden, und aus dem Druck, den wir mittlerweile aus den meisten Lebensbereichen gewöhnt sind, werden Zwänge. Plötzlich heißt es neben dem ständigen „sollen" auch noch überall vermehrt *müssen*. Man muss... eine Ausbildung machen, viel Geld verdienen, eine Wohnung bezahlen, Lebensmittel einkaufen sowie Kleidung und andere Dinge. Man wird überrollt von unzähligen Zwängen. Oft hört man sogar, dass die Leute sich darauf freuen, wenn sie endlich alt sind. Manche reden sogar davon, dass sie froh sind, wenn sie endlich tot sind. (Wenn die wüssten...!)

Je näher man dem Sterben beziehungsweise Jenseits kommt, desto mehr schätzt man auch wieder das Leben - sofern man gesund ist und sich an seinem Körper und Leben erfreuen kann oder darf. Mit den Jahren (**Rentenalter**) wird uns bewusst, dass das Leben ein kostbares Geschenk ist und wir unsagbar viel lernen und erfahren *dürfen*. Mancher merkt sogar, dass er sich die ganzen Zwänge des Lebens selbst geschaffen und eingeredet hat. Hier sind wir wieder da angekommen, wo wir als Kind oder Jugendlicher sozusagen „vom Weg abgekommen" sind. Wir haben uns von unseren Eltern, von der Gesellschaft und allen möglichen Seiten alles mögliche einreden lassen und daran geglaubt. Oft hören wir Sätze wie: „Im nächsten Leben mache ich alles anders!" Na dann: Viel Erfolg! Wie sagt man? Einsicht ist der erste Schritt zur Besserung!

Man kann dieses „Drama des Lebens" allerdings auch vorher durchschauen und dann kraft seines Bewusstseins einfach beenden! Wenn wir beispielsweise ein Kind sehen, dass unentwegt den teilweise sehr willkürlichen Entscheidungen der Eltern ausgeliefert ist und nahezu nichts selbst entscheiden darf, dann ist uns für einen Augenblick bewusst, dass wir entscheiden *dürfen*. Dieses Wissen, dieses Bewusstsein können wir uns erhalten! Es soll ja reichlich Menschen geben, die sich ständig „beschweren", dass sie stets Entscheidungen treffen *müssen*.

Wenn wir einen Menschen treffen, der keine Beine hat oder aus anderen Gründen unfähig ist zu laufen, dann ist uns plötzlich wieder bewusst, dass wir laufen *dürfen*, auch wenn wir uns vielleicht oft einreden, dass wir dann und wann laufen *müssen*! Für jede Situation, in der wir denken, etwas tun zu *müssen*, findet sich jemand, der sich äußerst gerne dazu bereit erklärt, dies für uns zu tun. Es ist also vorteilhaft sich gut zu überlegen, über was man sich im Leben „beschwert"! Die „Last" könnte einem genommen werden, so dass man plötzlich merkt, wie gut es einem damit in Wirklichkeit ging. *„Bedenke gut, was Du Dir wünschst...!"*

Wenn wir uns diese tiefe Weisheit einprägen, dann ist uns stets bewusst, dass wir alles *dürfen* jedoch nichts *müssen*...

Wir befreien uns nach und nach von allen Zwängen und umgeben uns mehr und mehr mit Ansichten und Aufgaben, die uns wünschenswert erscheinen. Mehr dazu im folgenden Kapitel!

ANSICHTSSACHE

Unsere Gedanken und Worte bestimmen unser Schicksal – und damit auch unsere Gefühle. Daher sind wir auch selbst verantwortlich für das, was wir fühlen. Durch unsere Einstellung (sich einstellen!) und Sichtweise (Weise der Sicht) ergibt sich, was wir fühlen und wie wir uns fühlen.

Gleichgültig in welcher Situation wir uns befinden, es gibt zwei typische Muster, nach denen wir reagieren:

Dankbarkeit:
Wir empfinden Dankbarkeit und schätzen, was wir haben, da wir uns erstens dessen bewusst sind, dass wir genau das haben, was wir uns schufen, und wir zweitens realisieren, dass es uns wesentlich besser geht als unzähligen anderen Menschen.
Alles, was das Leben uns beschert beziehungsweise schenkt, dient zu unserem Besten und ist eine Möglichkeit zu lernen, uns zu entwickeln! Wenn es uns gelingt, mit dieser Einstellung alles im Leben als gut und richtig anzunehmen, *sind* wir glücklich!

Enttäuschung:
Wir jammern die ganze Zeit herum und konzentrieren uns auf das, von dem wir glauben, dass es uns „fehlt", nur weil andere es haben. Oder wir regen uns über die Dinge auf, die uns *nicht* gefallen, die uns *nicht* gelingen, die wir *nicht* wollen und so weiter.
Eine Erwartungshaltung, die in der Regel aus sehr individuellen Gedankenspielen resultiert, hat oft mit der Realität desjenigen, an den die Erwartungen geknüpft sind, wenig zu tun. Erwartungen sind stets *an etwas* oder *jemanden „geknüpft"*, hier verraten die Worte an sich bereits, dass Erwartungen weniger etwas mit dem oder demjenigen zu tun haben, *an den sie geknüpft wurden*, sondern vielmehr mit dem Erwartenden. Die „Schuld" dafür, dass entsprechende Erwartungen ent-täuscht werden, wird allerdings – unbewussterweise – meistens auf das „Opfer" der Erwartung projiziert, das oftmals keine Ahnung davon hat, was und dass etwas von ihm erwartet wird. So entstehen zahlreiche Missverständnisse und Unmengen von Streit, Hass und somit Leid!

Wenn ich das Wort „Enttäuschung" höre, denke ich automatisch an einen Satz, den ich durch Tarot lernte: *Jeder Enttäuschung liegt immer eine schwerwiegende Selbsttäuschung zugrunde!*

Wenn sich früher ein Freund bei mir gemeldet hat und mir ankündigte, er komme mich in einer Woche besuchen, freute ich mich riesig. Ich freute mich auf den Besuch bis zum besagten Tag. Falls dieser Freund jedoch an diesem Tag anrief und absagte beziehungsweise den Termin verschob, war ich regelmäßig enttäuscht.

Meine eigenen Erwartungen - nämlich, dass das gewünschte Treffen auch tatsächlich stattfinden würde - führten zu dieser Enttäuschung! Ich verwickelte mich emotionell in meine eigenen Erwartungen! Wie kann man denn allen Ernstes in einer solchen Situation die „Schuld" für die eigene Enttäuschung auf den anderen schieben oder gar auf den anderen sauer sein? Genau das geschieht allerdings ständig!

Wenn heute jemand einen Besuch bei mir ankündigt, freue ich mich nach wie vor riesig! Allerdings erst einmal darüber, dass die betreffende Person sich wünscht, mich zu besuchen! Wenn derjenige dann am besagten Tag ankündigt: „Ich mache mich jetzt auf den Weg!", dann darf ich mich ein zweites Mal freuen. Jetzt erst freue ich mich auf den Besuch selbst! Das klappt wunderbar - und ich habe die doppelte Freude und keinerlei Enttäuschung mehr!

Sollte der angekündigte Besucher den Termin absagen und den Besuch verschieben, so kann ich mich weiterhin freuen, dass er an mich gedacht hat und zeitig absagte sowie außerdem wieder darüber, dass er mich besuchen will. Wir sehen: Alles eine Frage der Einstellung! Alles Ansichtssache! Wer sich freuen will, der findet auch einen Grund zur Freude!

Unser Bewusstsein und unsere Gedanken bestimmen, was wir fühlen. Was wir denken und worüber wir uns bewusst sind, das bestimmen wir selbst - unbewusst oder bewusst! Stellen wir uns als Beispiel vor, wie wir durch das Zentrum einer beliebigen Großstadt laufen und von weitem einen alten Mann sehen, der reichlich ungepflegt und ungewaschen aussieht und dessen Geruch trotz der Distanz zu uns dringt! Wie reagieren wir nun?

Gar nicht? Nun - ich meine in Gedanken? Was denken wir? Und unsere Gefühle? Was fühlen wir dabei? Wie reagieren wir, wenn er zu uns herüber sieht?

Eine mögliche Reaktion ist, ihm zuzunicken, ihm ein aufrichtiges Lächeln zu schenken, sich zu denken, dass er zwar krank aussieht, aber sicherlich bald wieder gesund ist, und ihm zu wünschen, dass er seinen Weg findet und herausfindet, wie er sich ein schöneres Leben machen kann!

Eine ebenfalls mögliche (und leider viel zu häufige) Reaktion ist es, sich zu denken: „Bäh, was für ein ekliger, stinkender, dreckiger Penner - der hat bestimmt Läuse und wer weiß was für ansteckende Krankheiten. Wer weiß, was den ans Saufen gebracht hat? Vielleicht hat der früher seine Frau und Kinder geschlagen und die sind dann weggelaufen oder so." Manch einer regt sich dann noch den ganzen Tag darüber auf, was für widerliche Leute durch die Straßen laufen (als ob der Mann eine Wohnung hätte!) und hetzen auch noch andere gegen „Penner" auf. (Na dann, viel Spaß mit der Wirkung dieser Ursachen!)

Schon einmal darüber nachgedacht, warum diese Menschen in solche Situationen kommen? Möglicherweise hat sich der alte Mann auch einmal dazu hinreißen lassen, jemanden in einer solchen Art und Weise zu verurteilen - wer weiß? Alles kommt zurück!

Es gibt einen Ausdruck für die Angewohnheit, auf die Qualität der eigenen Gedanken zu achten: Gedankenhygiene! Dieser Begriff gefällt mir sehr gut und hilft mir sehr dabei, mir meiner Ausdrucksweise und Gedanken bewusst zu sein. Wenn ich merke, dass ich beginne „unbewusst daherzuplappern", ermahne ich mich selbst, indem ich mich daran erinnere: Gedankenhygiene!

Wir haben nun zwei mögliche Reaktionen auf die vorgestellte Situation näher betrachtet. Abgesehen von der Wirkung, welche die Gedanken des zweiten Beispiels allein im sprachmagischen Sinne haben, ertragen wir auch noch zusätzlich eine ganze Menge unangenehmer Gefühle, während wir all dies denken, und versauen uns je nachdem auch noch den ganzen

Tag damit, unsere Gedanken um etwas „Negatives“ kreisen zu lassen, was obendrein für unser persönliches Leben ohne Belang ist!

Dasselbe gilt auch für solche Menschen, die dann den Rest des Tages in Mitleid zerfließen – und gleichzeitig zur Schau stellen, was sie doch für „gute“, „mitfühlende“(?) Menschen sind! „Der arme Mann! Schlimm, dass es so etwas gibt! Dem Menschen muss man doch helfen!“ (Da ist es wieder: „Nicht gackern, Eier legen!“) Außer weiterer negativer Energie, bringt auch das wenig!

Sollten wir den Wunsch, die Bereitschaft und auch die Fähigkeit haben, diesem Menschen zu helfen, macht es durchaus Sinn, sich mit seinem Schicksal näher zu beschäftigen; andernfalls ist die Person für uns ohne Belang, im wahrsten Sinne des Wortes. Die Sache berührt uns nicht!

Dies ist generell eine hilfreiche Lebensregel, um sicherzustellen, dass man seine Energien sinnvoll und zielgerichtet (lösungsorientiert) einsetzt: Wenn Du eine Situation ändern kannst und willst, so tue dies – wenn nicht, dann akzeptiere beziehungsweise toleriere das, was ist, und wende Dich den Dingen zu, die für Dich von Belang sind, die Dich berühren!

Das, was ich in dem Beispiel als „mitfühlende“ Menschen bezeichnet habe, sind in Wirklichkeit – vorausgesetzt es handelt sich um mehr als nur Fassade – *mitleidige* Menschen. Der Unterschied zwischen Mitleid und Mitgefühl ist riesengroß – etwa so groß, wie der Unterschied zwischen jemandem, der uns ständig Wasser bringt, damit wir etwas zu trinken haben, und jemandem, der uns zeigt, wo es Wasser gibt; oder zwischen jemandem, der uns Geld leiht, damit wir bei jemand anderem unsere Schulden bezahlen können, und jemandem, der uns hilft, Geld zu verdienen, womit wir unsere Schulden dann endgültig bezahlen können statt das Problem zu verlagern; oder jemandem, der Rettungsringe wirft und einem, der den Menschen schwimmen beibringt.

Sehen Sie, was ich meine? Mitleid mag für den Bemitleideten je nach Bewusstseinsstufe angenehm sein, wirklich helfen jedoch kann es kaum. Mitleid wird oft mit Mitgefühl verwechselt, allerdings liegen dazwischen Welten.

Mitgefühl bedeutet mitfühlen mit dem anderen, sich in seine Situation versetzen, verstehen, warum er so fühlt und handelt, wie er es tut, und dann helfen statt mitleiden. Mitheulen hilft kaum weiter. Ich denke, dass das Leid sich verdoppelt, wenn jemand voller Mitleid mit einem anderen mitleidet! Die Stimmung und das Leid übertragen sich auf den Mitleidenden! Wer schon einmal tiefes Mitleid empfunden hat, der weiß, dass das sehr weh tut! Es heißt aus gutem Grunde „Du tust mir Leid!" - da ist doch was dran!!

Auch die Formulierung „Das tut mir Leid!" beinhaltet Schmerz. Ich persönlich sage stattdessen lieber „ent-schuldige". „Schuld" loswerden klingt für mich auf jeden Fall besser als Leid bekommen und erhalten, auch wenn es genau genommen keine „Schuld" gibt.

Auch unsere eigenen Lebenssituationen sind Ansichtssache! Wenn man zum Beispiel kein Geld mehr in der Tasche und auf dem Konto hat, kann man sich einreden, dass man arm ist, dass man kein Geld und deshalb bestimmt bald viele Probleme hat und so weiter. Vorausgesetzt man redet sich so etwas stark genug ein und glaubt auch noch daran, so hat man auch große Chancen, dass man wirklich bald viele Probleme hat...

Man kann aber auch dankbar feststellen, dass man nach wie vor gesund ist und etwas zu Essen im Hause hat und sich sogar darüber freuen, dass einem wieder bewusst wird, wie gut es einem geht, da man nahezu immer einkaufen kann, was man gerade will, im Gegensatz zu so vielen anderen Menschen auf der Welt, von denen viele neben den ernsthaften Geldsorgen auch noch krank sind und hungern. (Vermutlich würden solche Menschen bei der Vorstellung, dass jemand sich einredet, „Probleme" zu haben, weil er gerade kein Geld hat, sein Lieblingsparfum zu kaufen, kopfschüttelnd und ungläubig in schallendes Gelächter ausbrechen...) Man kann sich voller Dankbarkeit darüber freuen, dass man die Möglichkeit hat, die Situation zu verbessern.

Meist erfordert es etwas Übung und einige Erfahrung (gelöste Probleme beziehungsweise Aufgaben), um allen Lebenssituationen, die wir erleben, mit der angemessenen Liebe, Ruhe und Gelassenheit zu begegnen, doch hat es wohl wenig Sinn, sich in erlebtes Leid reinzusteigern, in Selbstmitleid zu zerfließen und *sich* gar bei Gott und der Welt *zu beschweren*.

Solch eine Reaktion macht es nur noch schlimmer und spiegelt zusätzlich viel Unbewusstheit wider. Wer die kosmischen Gesetze wirklich begriffen hat, der weiß, dass er alles im Leben selbst verursacht und geht dementsprechend verantwortungsvoll mit seinem Schicksal um!

„Der wahre Yogi weiß, dass Leiden ein völlig verfehlter Zustand ist!"

Wenn mir etwas Übles passiert ist - und ich habe schon so einige spannende Geschichten hinter mir -, so habe ich mir gedacht: Da habe ich ja mal wieder ordentlich was gelernt, bin stärker und bewusster geworden, bin gewachsen und habe fleißig Karma abgetragen!

Allen, die sich wundern: „Jetzt arbeite ich seit Jahren fleißig an meiner Entwicklung und werde immer bewusster und bewusster - trotzdem werden meine Probleme immer heftiger...", darf ich sagen: „Das ist ein gutes Zeichen!"

Und ich habe die folgenden tröstenden Worte bereit: „Mit jeder Aufgabe, die sich uns im Leben stellt, erhalten wir auch die Kraft, sie zu bewältigen!"

Als Erklärung kann ich hinzufügen: „Je größer unsere Kraft ist, desto größer (komplizierter, anspruchsvoller!) werden folglich auch die Aufgaben, die sich uns stellen!" Manche nennen diese Aufgaben „Probleme" - alles eine Frage der Sicht!

Ich kann nicht ändern, was ist.
Alles ist, wie es ist!
Doch ich bestimme,
wo ich langgehe,
und ich kann ändern,
was ich sehe
und wie ich das sehe,
wie ich fühle und
was ich verstehe!
Ich kann mich ändern
und so Neues schaffen, **was ist!**

HABEN UND SEIN

„Ich weiß, dass mir nichts angehört
Als der Gedanke, der ungestört
Aus meiner Seele will fließen,
Und jeder günstige Augenblick,
Den mich ein liebendes Geschick
Von Grund aus lässt genießen."
(Goethe)

So wie auch alles andere Ansichtssache ist, so natürlich auch die generelle Grundeinstellung im Leben. Diese zeigt sich oft schon deutlich an der Ausdrucksweise. Es gibt zwei Worte, die jeweils eine ganze Lebensphilosophie repräsentieren (beziehungsweise programmieren!) und gleichzeitig auch etwas über die Erlebnisqualität einer Person aussagen: Haben und Sein.

Man kann sich in der Haben-Form ausdrücken - eine Angewohnheit, die sich in den letzten Jahrzehnten wie eine Seuche in der Sprache verbreitet hat -, man kann sich aber auch in der Sein-Form ausdrücken. Oft verrät dies schon, ob wir es mit einem materialistischen Menschen zu tun haben oder eher mit jemandem, für den Gefühle das Leben bestimmen.

Erich Fromm schreibt in seinem Werk „Haben oder Sein"[4], „[...] *dass Haben und Sein zwei grundsätzlich verschiedene Formen menschlichen Erlebens sind, deren jeweilige Stärke Unterschiede zwischen den Charakteren von einzelnen und zwischen verschiedenen Typen des Gesellschafts-Charakters bestimmt."*

Es gibt zwei Dinge, die sich in der Geschichte der Menschheit als von unschätzbarem Wert herausgestellt haben; sie repräsentieren die Macht: Besitz und Wissen! Dies beides zu erreichen, erscheint vielen als erstrebenswert.

Wenn wir uns die heutige Gesellschaft betrachten, wird allerdings schnell klar, dass in unserer Zeit die meisten Menschen zuallererst mal nach einem streben: Besitz! Haben! Der Mensch will alles Mögliche haben, die

Liste der Wünsche ist lang. Ob sich das erwartete Gefühl der Erfüllung dann auch einstellt, sobald ein Wunsch erfüllt ist, ist allerdings fraglich!

Im Großen und Ganzen ist die Tendenz jedoch klar: Wer Besitz hat, wer etwas hat, der ist auch jemand! Nun hat sich dieses Denken mit der Zeit auch auf unsere Sprache übertragen. Sogar Gefühle wollen wir inzwischen „haben", also besitzen. Wir „haben" auf einmal ganz viele „Dinge", die man überhaupt nicht „haben" beziehungsweise besitzen kann! Wir „haben" Freude, wir „haben" Spaß, wir „haben" Angst, wir „haben" Hunger, wir „haben" Sehnsucht, wir „haben" Wünsche und wir „haben" sogar Sorgen und Probleme.

Diese Art des Ausdrucks täuscht! Gefühle und Erlebnisse können wir unmöglich „besitzen" (eher ergreifen sie Besitz von uns!), sondern wir erleben und erfahren sie. In dem Moment, in dem wir das Gefühl sprachlich von unserer eigenen Lebenserfahrung trennen – *ich „habe" ein Gefühl* statt *ich fühle* –, entfernen wir uns davon und berauben uns selbst der eigenen und meist entscheidenden Lernerfahrung. Gleichzeitig prägen wir uns selbst dadurch eine materielle Einstellung ein.

Beim „haben" gibt es eine weitere Sache, die oft unangenehm mitschwingt. Fragen wir zum Beispiel: „Hast Du Geld?", so klingt das genauso wie „Hasst Du Geld?" – die Laute, die hörbaren Schwingungen und Energien sind also bei beiden Fragen dieselben. Anworten wir auf diese Frage/n mit „Nein!", so ist das für die erste Form „schlecht", zumindest auf unser Wohlbefinden bezogen oftmals, für die zweite Form allerdings „gut", da hassen ja auch „zurückkommt", und wer will schon gehasst werden? Antworten wir dahingegen auf die Frage/n mit „Ja!", so ist das im Sinne der ersten Frage vermutlich „positiv" für uns oder zumindest erwünscht, im Sinne der zweiten Frage wiederum allerdings eine „negative" Ursache. Sie sehen, in diesem Falle ist es schwierig, energetisch sinnvoll zu antworten.

Da sich im Deutschen die Verben „haben" und „hassen" in der zweiten Person Singular (Du-Form = Du hast; Du hasst) gleich anhören und damit ähnliche Schwingungen aussenden, obwohl sie völlig unterschiedliche Bedeutungen haben, ist es sinnvoll, das Wort „hast" generell zu meiden. Alle

Formen des Wortes „hassen“ meidet ein Mensch, der auf dem Weg zu einer bewussten und positiven Sprache ist sowieso!

Wenn wir uns angewöhnen, generell „Du besitzt“ anstelle von „Du hast“ zu sagen, gewöhnen wir uns gleichzeitig automatisch an, Formulierungen wie „Hast (besitzt?) Du Durst?“ oder „Hast (besitzt?) Du Langeweile?“ auszutauschen durch: „Bist Du durstig?“ oder „Ist Dir langweilig?“

Warum ist der Mensch so fixiert auf Besitz, warum leben wir so sehr im „Haben“? Warum strebt der Mensch oft mehr nach Besitz als nach Wissen? Nun - mit dem Wissen ist es etwas komplizierter. Es gibt neben den ganzen besitzgierigen Menschen auch eine ganze Menge wissbegieriger. Auf den ersten Blick scheint der allein Wissende allerdings lediglich besitzlos und arm zu sein, mancher wird gar sagen: mittellos.

Wer jedoch eingehender darüber nachdenkt, dem fällt auf, dass der wahrhaft Wissende aufgrund seines Wissens jederzeit „die Mittel hat“ beziehungsweise in der Lage ist, materiell gesehen „reich“ zu sein, wenn er dies wünscht. Aus persönlicher Erfahrung darf ich sagen: Ich habe bisher in meinem Leben mehr Menschen kennengelernt, die materiell gesehen „arm“ und aufgrund ihrer Weisheit dabei doch ehrlich glücklich waren als solche, die viel Geld hatten und gleichzeitig glücklich waren.

Im Gegensatz zu Geld ist Wissen beziehungsweise gelebtes Wissen, sprich Weisheit, allemal dazu in der Lage, uns glücklich zu machen. Was kann uns glücklicher machen als gelebte und erlebte Liebe? Auch verliert man Geld wesentlich schneller als Wissen, letzteres kann man über mehrere Leben erhalten und vermehren. Geld ist oft genauso schnell wieder verschwunden wie es kam!

Und hier sind wir an dem Punkt angekommen, der meines Erachtens verantwortlich dafür ist beziehungsweise eine entscheidende Ursache, warum der heutige Mensch so sehr auf das Haben fixiert ist und weniger auf das Sein. Die meisten Menschen haben Angst vor dem Tod beziehungsweise sind sich im Unklaren darüber, was Sterben überhaupt bedeutet. Da viele glauben, dass es unmöglich ist, diese Dinge herauszufinden, konzentrieren sie sich den Großteil ihres Lebens auf das, was sie zu wissen glauben, nämlich dass sie für ihr Leben hier und jetzt zuallererst einmal Reichtum benötigen, der sie dann glücklich macht und ihnen weiterhilft.

Viele glauben, dass sie eines Tages sterben werden und ihr Dasein damit beendet ist. Aus dieser Sichtweise heraus, ist es das einzig Sinnvolle, es sich im Leben möglichst gut gehen zu lassen. Und gut geht es einem schließlich, wenn man sorgenfrei ist, sorglos leben kann - wenn man quasi *ausgesorgt* hat. Nahezu jeder assoziiert mit dem Begriff „ausgesorgt" finanzielle Freiheit! Erst wenn sie alt werden oder aber wenn sie es geschafft haben, finanziell reich zu sein, stellen viele dann fest, dass sie nach wie vor unglücklich sind und es vermutlich etwas anderes gibt, was man braucht, um glücklich zu sein. Auf die Idee, dass geistige Freiheit zu wahrer Sorglosigkeit führt, kommen viele erst sehr spät...

Meiner Meinung nach ist alleine die Ignoranz und Bequemlichkeit eines Großteils der Menschen verantwortlich für die große Unwissenheit, die existiert in Bezug auf den Tod beziehungsweise die Existenzform nach dieser körperlichen. Aus dieser Mischung von Ignoranz und Bequemlichkeit, gepaart mit grenzenloser Unwissenheit, entsteht Angst.

Die meisten Menschen haben heutzutage Angst vor dem Tod, obwohl beziehungsweise gerade weil ihnen jedes Wissen zu diesem Thema fehlt. Einer Auseinandersetzung mit dem - warum auch immer - „unangenehmen" Thema Tod, wird ein Leben lang aus dem Weg gegangen. Viele Menschen haben keinerlei Vorstellung von dem Tod - und dennoch eine Riesenangst davor! Diese Angst lässt sich überwinden - wie jede Angst -, indem wir uns mit dem Thema beschäftigen.

Es gibt sehr lehrreiche Literatur zu diesem Thema, zum Beispiel „Geboren im Licht" von Dannion Brinkley, „Leben nach dem Tod" von Dr. med. Raymond A. Moody oder „Das Leben nach dem Leben" von Thorwald Dethlefsen. Eine kurze Beschreibung aus dem Buch „Bericht vom Leben nach dem Tode"[5] von Arthur Ford, die ich persönlich für sehr einleuchtend und aufschlussreich halte, gebe ich hier wieder:

„Niemand hat jemals ein Wesen in seiner Ganzheit gesehen. Wir sehen den physischen Körper und bestenfalls einige kinetische Effekte, die von ihm ausgehen, aber die eigentliche Persönlichkeit der Person ist unsichtbar. Wir empfinden sie wohl,

jedoch nicht so sehr mittels unserer groben fünf Sinne, sondern vielmehr durch die viel feineren Wahrnehmungsmedien unseres Beta-Körpers. Ein Teil von uns ist also auf Erden bereits unsichtbar, und dieser Teil ist es, der den Tod überdauert und im Jenseits erst sichtbar wird."

Der Leser möge diese kleine spirituelle Ausschweifung entschuldigen! Da mir selbst die Auseinandersetzung mit dem Jenseits-Thema und dem Wissen über das Leben nach dem Tode so viel gebracht hat, ist es mir ein tiefes inneres Bedürfnis, dies zumindest in Form dieser kurzen Erwähnung weiterzugeben. Ich bin davon überzeugt, dass wir, vorausgesetzt jeder einzelne überwindet seine Todesangst, damit gleichzeitig ein riesiges Angstpotential, welches sich in unser aller Realität widerspiegelt, überwinden und transformieren. Dies ist ein ähnlicher Quantensprung im Bewusstsein der Menschen wie der, der durch das Wissen um die Sprachmagie ausgelöst wird!

Wer die kosmischen Gesetze kennt, der weiß, dass es sich im Leben um Entwicklung dreht, um Reife, um Erweiterung (unter anderem des Bewusstseins) und Wachsen. All dies wird durch das Sein repräsentiert beziehungsweise erreicht. Durch erleben und erfahren geschieht unsere Entwicklung und auch die unseres Lebens, wir reifen, wir wachsen, wir erweitern unseren Horizont und so weiter. All dies entspringt dem Sein. Sein ist Bewegung! Haben ist Stillstand und Festhalten, weil wir uns vor dem vermeintlich drohenden Verlust glauben schützen zu müssen. Haben ist auf Angst gegründet, Sein wurzelt in Liebe! Wie viel Blut ist schon geflossen für Besitz, für das Haben? Sein ist loslassen und vertrauen!

Erich Fromm[4] schreibt hierzu passend: *„Während sich der „Habenmensch" auf das verlässt, was er hat, vertraut der „Seinsmensch" auf die Tatsache, dass er ist, dass er lebendig ist und dass etwas Neues entstehen wird, wenn er nur den Mut hat, loszulassen* [...]"

Im Folgenden einige typische Beispiele von Fällen, in denen wir uns allzu häufig in der Haben-Form ausdrücken, obwohl es sich offensichtlich um Tätigkeiten (Verben) oder Gefühle handelt, die man erleben und erfahren, keinesfalls aber besitzen beziehungsweise „haben" kann! Sie wissen ja, ich liebe Beispiele:

Man sagt: Ich habe…	**Und meint: Ich…**
Angst	*bin ängstlich/beängstigt*
Bedürfnisse	*brauche*
Bewunderung	*bewundere*
Durst	*bin durstig*
Erinnerungen	*erinnere mich*
Gefühle	*fühle*
Hass	*hasse*
Hunger	*bin hungrig*
Intelligenz	*bin intelligent*
Kontrolle	*kontrolliere*
Krankheiten	*bin krank*
Launen	*bin launisch*
Liebe	*liebe*
Meinungen	*meine*
Mühe	*bin bemüht*
Scheu	*bin scheu*
Sehnsucht	*sehne mich*
Sorgen	*bin besorgt*
Stress	*bin gestresst*
Trauer	*bin traurig*
Überzeugungen	*bin überzeugt*
(den) Willen	*will*
Wünsche	*wünsche*
Wut	*bin wütend*
Zorn	*bin zornig*

Wenn wir Verben und Adjektive - die das aktive Prinzip symbolisieren, die Aktion - in starre Subjekte verwandeln, liegt unser Schwerpunkt auf Besitz statt auf Erfahrung. Tätigkeiten, Eigenschaften und Gefühle kann man allerdings unmöglich besitzen, sondern ausschließlich erleben und erfahren, denn sie leben von der Aktion.

WORTE - WAFFE ODER WERKZEUG!

Die Sprachmagie betrifft neben den Auswirkungen der Worte auf unser eigenes Schicksal auch das Schicksal unseres jeweiligen Gesprächspartners in Gesprächen oder Diskussionen, wobei wohl die meisten Gespräche heutzutage, gleich „heißen" Diskussionen, eher Kampfcharakter haben und sich im Konkurrenzkampf auflösen, als dass sie der gemeinsamen Entwicklung dienen. Worte bestehen aus Energie! Wir können diese Energie positiv, konstruktiv und kreativ nutzen oder auch zum Kämpfen...

Worte können heilen - Worte können allerdings auch töten. Sagen und zeigen wir einem kranken und einsamen Menschen, dass wir ihn lieben, so bewirkt dies Wunder in Bezug auf seinen Heilerfolg. Ebenso kann das entsprechende Wort, eine Nachricht oder Information, zur bestimmten Zeit eine sowieso schon gebrechliche Person mit schwachem Herzen töten.

Zwischen diesen beiden Extremen spielen sich die meisten Gespräche ab. Wir wollen etwas erreichen, wir manipulieren bewusst oder unbewusst, um alles mögliche Realität werden zu lassen. Wir entscheiden - bewusst oder unbewusst - je nach Motivation, ob wir unsere Worte als Waffe oder als Werkzeug gebrauchen - beides ist möglich.

Genauso wie sich unsere Worte in unserer Realität intensiv auswirken, so wirken sie auch im Bewusstsein unseres Gesprächspartners. Unterhaltungen bestehen oft aus Energiespielen, wo es - wie bei einer Spielshow - ausschließlich darum zu gehen scheint, wer die besseren und stärkeren Argumente für „seinen" Standpunkt hat, anstatt gemeinsam seinen Erfahrungshorizont zu erweitern und neue Erkenntnisse zu erhalten.

In dem Bestseller „Die Prophezeiungen von Celestine"[6] von James Redfield hat jener dieses Energiespiel eindrucksvoll geschildert. Der, dem dieses Kultbuch noch unbekannt ist, tut gut daran, dieses Buch und damit eine wunderbare Erlebnisreise zu genießen!!!

In der sogenannten „sechsten Erkenntnis" geht es um das Spiel der Energien beim zwischenmenschlichen Umgang beziehungsweise bei Gesprächen. Der Autor schreibt von vier verschiedenen Taktiken beziehungsweise Mustern, die Menschen im Gespräch anwenden, um ihre Energien dabei zu stärken und somit gestärkt aus einer Unterhaltung hervorzugehen. Je nach Verlauf gehen wir gestärkt oder geschwächt aus einem Gespräch hervor. Meistens ist es ein einziger Kampf um eben genau diese Energie.

Diese Verhaltensweise ist der reinste Energie-Vampirismus, allerdings ist es den wenigsten bewusst. Es gibt die Rolle des „Einschüchternden", es gibt den „Vernehmungsbeamten", den „Unnahbaren" und das „arme Ich". Die meisten Menschen haben eine Tendenz zu einem dieser „Typen", wobei zumeist eine Mischung vorliegt beziehungsweise wir von einem zum anderen „Typ" umschalten - je nach Situation.

Ist einem dieses Spiel erst einmal bewusst geworden - und vor allem die Tatsache, dass das alles völlig unnötig ist -, so haben wir dessen Macht gebrochen und können uns bewusst auf Gespräche einlassen, die für alle Beteiligten von Vorteil sind; zumindest soweit unsere Gesprächspartner dies zulassen. Dieses Buch zu lesen, lohnt sich auf jeden Fall! Es ist mir unmöglich, so viel Weisheit hier mal eben zusammenzufassen, und das wäre auch eine Verschandelung eines großartigen, brillanten Werkes.

Auf meiner Forschungsreise durch die Welt der Sprachmagie habe ich mir in diesem Zusammenhang eines beispielsweise vollkommen abgewöhnt: Streit! Vorausgesetzt ich merke, dass ein Gespräch in einen Streit ausartet oder dass mein Gesprächspartner streitlustig ist, beende ich die Unterhaltung so schnell ich kann. In diesem Fall ist eine Unterhaltung in Bezug auf ihre Energie tatsächlich im wahrsten Sinne des Wortes eine *Unter*-haltung, die uns *unten* hält.

Es ist wohl jedem klar, dass Streit sehr unfruchtbar ist und daraus wenig Positives erwächst, obwohl sehr viel Energie aufgewendet wird. Hier sind wir wieder bei der Problematik von Haben und Sein: Der Problemorientierte beziehungsweise Streitlustige „hat" Argumente; er besitzt sie, hält an diesen fest, kämpft regelrecht damit und darum und verteidigt sie, um deren „Verlust" zu verhindern. Der Lösungsorientierte „argumentiert" einfach - lebendig und auf der Suche nach Lösungen beziehungsweise Entwicklung erfreut er sich an der gegenseitigen Bereicherung im Gespräch.

Wie wir sehen, können wir Worte als Waffen oder auch als Werkzeuge gebrauchen. Gemäß den kosmischen Gesetzen erfahren und empfangen wir natürlich auch hier die gleichen Energien, die wir aussenden, so dass wir schnell lernen dürfen, was sinnvoller beziehungsweise angenehmer ist.

SPRACHMAGIE UND PSYCHOLOGIE

> *„Wenn wir bedenken, dass wir alle verrückt sind, verschwinden die Mysterien und das Leben ist erklärt!"*
> (Mark Twain)

Die Sprache ist ein Spiegel der Seele! Die Sprache beziehungsweise Ausdrucksweise eines Menschen verrät uns, wie es um sein Bewusstsein steht und was für ihn Realität ist!

- Das, worüber ein Mensch am meisten spricht, ist das, was für ihn das wichtigste ist.
- Die Art, wie er sich ausdrückt (ängstlich, zuversichtlich...), verrät seine Einstellung und offenbart uns sein Bewusstsein.

Sehr einfach zu durchschauen ist natürlich das „Strickmuster" der „einfach gestrickten" Leute. Nehmen wir als Beispiel einen fanatischen Fußballfan. Er redet den ganzen Tag ausschließlich über Fußball und vorzugsweise von „seiner" Mannschaft - wobei es natürlich auch noch etwas aussagt, ob man Bayern- oder Schalke-Fan ist! Was für ihn das wichtigste ist, ist schnell herausgefunden! Daher durchschauen wir auch relativ schnell seine Einstellung und sein Bewusstsein!

Auch der Gesichtsausdruck drückt einiges aus und verrät verschiedenes über den Menschen. Das heißt aus gutem Grunde Gesichts-ausdruck! Menschen mit heruntergezogenen Mundwinkeln tragen ihr Zeichen davon, dass sie so oft das Gesicht verziehen und sich beschweren. Andere wiederum tragen ein ständiges Lächeln im Gesicht, auch wenn sie alleine sind und einfach so vor sich hin lächeln. Doch es gibt durchaus kompliziertere Zeitgenossen...

Die Sprachmagie lässt uns die Psyche, das Bewusstsein und die Einstellung unseres Gesprächspartners durchschauen und erkennen: Zwänge (ich *muss* arbeiten; ich *muss* kochen), Ängste (*hoffentlich regnet* es morgen *nicht*; *hoffentlich* werde ich *nicht krank*), Selbsttäuschungen (ich *brauche* ein Glas Wein; ich *brauche* eine Freundin) und Fehlprogrammierungen beziehungsweise Irrglauben (*jeden Frühling bekomme* ich eine Erkältung; ich *muss nachts immer* auf Toilette gehen) lassen sich anhand der Ausdrucksweise oft klar erkennen.

Ich schicke hier gleich zu Anfang eine Warnung vorweg, damit Sie mich richtig verstehen: Wenn beispielsweise jemand den Begriff „muss" ständig gebraucht, ist dies mit großer Wahrscheinlichkeit ein Hinweis darauf, dass er sich Zwänge einredet. Das kann allerdings auch andere Ursachen haben und darf keinesfalls zu Verurteilungen führen. Es ist ebenfalls möglich, dass jemand sich diese Art des Ausdrucks durch die Erziehung angewöhnt hat, sich aber keinesfalls „gezwungen" fühlt, wenn er das Wort „muss" verwendet - alles ist möglich! Und so ist das mit allen Wörtern! Die Psychologie ist etwas komplizierter, als dass man durch einen häufig verwendeten Ausdruck wie „muss" gleich auf einen zwanghaften Charakter schließen könnte. So etwas ist gefährlich und sicherlich alles andere als im Sinne der Sprachmagie!

Die folgenden Ausführungen bilden also richtungsweisende Hilfen, sie erklären Tendenzen, die sich anhand verwendeter Wörter erkennen lassen, wodurch eventuelle Probleme beziehungsweise Aufgaben erkannt und angegangen werden können. Diese Erklärungen sind dazu da, um ein Gefühl dafür zu vermitteln, wie viel Bedeutung in jedem einzelnen Wort steckt. Dabei gilt es, jedes Schubladendenken zu meiden und dem Gefühl zu folgen - denn Sprachmagie ist eine Sache des Gefühls...

Ein auffällig oft verwendetes „**muss**" im Sprachgebrauch lässt beispielsweise erkennen, wie viel der Mensch tut, obwohl er etwas ganz anderes will! Diese Ausdrucksweise spiegelt wider, wie viele Zwänge den Mensch umgeben, die er sich - genau besehen - selbst auferlegt („Ich *muss* gehen!"; „Ich *muss* arbeiten!"). Es gibt wenige Fälle, in denen das Wort „muss" keinen Zwang, sondern einen freudevollen „Drang" ausdrückt wie beispielsweise bei einem euphorischen: „Ich *muss* jetzt einfach mal singen!"

Menschen, die sehr oft das Wort „**sollen**" verwenden, sind zwar auch von einer gewissen Art von Zwang getrieben, doch ist es hier mehr das Gefühl, Verantwortung zu haben und verantwortungsbewusst sein zu wollen, als das Gefühl zu „müssen". Oftmals handelt es sich auch um unsichere Menschen, die gerne jede Verantwortung an Dritte weitergeben.

Eine vermehrte Verwendung von Worten wie „**glauben**", „**hoffentlich**", „**möglicherweise**", „**eventuell**", „**vielleicht**" und Ähnliche verrät ebenfalls Unsicherheit beziehungsweise Ängstlichkeit - die Person ist voller Zweifel! Hier fehlt die Überzeugungskraft! Und das heißt aus gutem Grunde „Überzeugungskraft"! Im Gegensatz dazu stehen Formulierungen wie „**bestimmt**", „**sicher(lich)**", „**auf jeden Fall**" und so weiter - die ein starkes Selbstbewusstsein erahnen lassen.

Menschen, die ständig die „Schuld" (Ursache) an was auch immer auf andere projizieren und sich dadurch im wahrsten Sinne des Wortes viel und oft *be-schweren*, verraten damit ein gewisses Maß an Unbewusstheit und beweisen, dass sie das Kausalitäts- und Resonanzgesetz noch lernen dürfen. Sie (miss)brauchen mit Vorliebe Worte wie „**ungerecht**", „**Schuld**", „**schuldig**", „**Schicksal**", „**Zufall**" oder „**zufällig**" und „schlimmere". Bei dem Wort „Zufall" läuft es mir eiskalt den Rücken runter! Offensichtlich ist manchen Menschen nach wie vor unklar, dass sie alles im Leben, aber auch alles, selbst verursachen! Na, das kann ja lustig werden...

Gleichzeitig strahlen solche Menschen mit ihren Beschwerden eine unangenehme Energie aus - Menschen, die sich beschweren, sind selten glücklich. Statt darüber nachzudenken, wie sie die Umstände bessern können und was die Ursache für ihr Unbehagen ist, steigern sie sich in dieses rein und schimpfen über alle und alles. Man kann diese Zeitgenossen auch als *problem*-orientierte Menschen bezeichnen, im Gegensatz zu solchen, die stets auf der Suche nach sinnvollen Lösungen sind, die *lösungs*-orientierten Menschen.

Auch der Gebrauch von Worten wie „**gut**", „**schlecht**", „**schön**", „**hässlich**" und allen anderen Bewertungen spiegelt - zumindest ohne zugefügte Bezug nehmende Formulierungen wie „(gut/schlecht) **für ihn**" oder „**ich finde das** (gut/schlecht/schön/hässlich)", - ein gewisses Maß an Unbewusstheit wider. Bewertungen sind stets subjektiv, dessen dürfen wir uns gewiss sein.

Menschen, die viel in der Zukunftsform formulieren (ich **werde**...) oder im Konditional (ich **hätte**, **könnte**, **würde**, **sollte**, **müsste**, **bräuchte**...) haben meist unbeschreiblich viele Pläne - und realisieren davon sehr wenig. Das kann nun allerdings „gut“ und „schlecht“ sein, je nach Sichtweise beziehungsweise Betroffenheit! Menschen, die ständig in der Zukunftsform oder im Konditional reden, zeichnet oft eine gewisse Unzuverlässigkeit aus.

Menschen, die stets Negativformulierungen verwenden, zeigen allein schon durch ihre Ausdrucksweise, dass sie sich gedanklich größtenteils mit dem beschäftigen, was sie „**nicht**“ wollen. Solche Menschen konzentrieren sich auf ihre Ängste und Zweifel statt auf ihre Ziele! Dementsprechend lässt sich logischerweise auch prophezeien (voraussagen), dass sie in Bezug auf ihre Vorhaben nur selten erfolgreich sind - dafür allerdings um so erfolgreicher beim Thema Angstbewältigung... denn, mit dem, vor dem sie sich fürchten; mit dem, was sie be-fürchten, werden sie im Leben konfrontiert.

Ein Mensch, der sich auffallend oft wiederholt, redet sich regelrecht etwas ein! Wenn es sich um jemanden handelt, der gerade Vokabeln lernt - vorzugsweise aus dem „Wörterbuch der Sprachmagie“ -, ist das sehr sinnvoll. In allen anderen Fällen ist Vorsicht geboten. Menschen wiederholen sich oft und aus unsagbar vielen Gründen. Oft wird Wiederholung auch gebraucht, um anderen etwas einzureden oder um Zweifel zu verdecken wie zum Beispiel: „Ich werde gewinnen! Ich werde gewinnen! Ich werde gewinnen!“ oder „Jeden Tag ein Glas Wein trinken ist gesund! Jeden Tag ein Glas Wein...!“

Manche reden sich durch ständiges Wiederholen Rechtfertigungen ein, warum ihr Verhalten richtig und notwendig ist, wenn sie es auch teilweise angeblich selbst nicht wollen, wie zum Beispiel „Wenn die mich provoziert, dann haue ich die, das ist die ja dann selbst schuld!“ oder „Wenn meine Kinder frech sind, gibt es ordentlich rechts und links was hinter die Löffel - ich muss denen doch beibringen, was gut ist!“ oder ähnlicher Schwachsinn.

Viele schüren durch Wiederholungen ihre Erwartungen wie beispielsweise: „Heute Abend bleibt mein Freund bestimmt zum Essen! Heute Abend bleibt mein Freund bestimmt zum Essen! Heute Abend bleibt mein Freund bestimmt zum Essen!" Oft führt das, was wir uns *selbst* einreden zu Erwartungen, die wir an *andere* stellen – ab da wird es dann spätestens kritisch!

Selbst Krankheiten kann man sich durch die Kraft der Wiederholung einreden. Wenn man oft genug wiederholt „Ich habe bestimmt Krebs! Ich habe bestimmt Krebs!", dann dauert es vermutlich nur noch kurze Zeit bis man tatsächlich Krebs hat. In Kombination mit intensiver Angst kann das dann richtig schnell gehen! Jeder Gedanke ist Energie und beeinflusst unser Schicksal, unser Leben. Mit jedem Gedanken haben wir Einfluss auf unser eigenes Bewusstsein und programmieren uns sozusagen selbst. Ein immerfort wiederholter Gedanke hat eine dementsprechend starke Schöpferkraft!

Wie wir sehen dreht sich alles um das Bewusstsein! Wir sind uns der Dinge und Umstände um uns herum bewusst, indem wir sie

1. bemerken und wahrnehmen,
2. uns genau anschauen und darüber nachdenken, um uns dann
3. eine eigene Meinung – beruhend auf eigener Erkenntnis – zu bilden!

Das ist bewusst-sein! Oft verursachen zum Beispiel schlechte Angewohnheiten entsprechende unangenehme Situationen und Umstände in unserem Leben, ohne dass wir uns dessen bewusst sind. Zugegeben, wir sind uns mit Sicherheit auch einiger dieser schlechten Angewohnheiten bewusst, und es mag noch viel schlimmer erscheinen, bewusst etwas zu tun, was einem schadet. Andererseits: Der erste Schritt zur bewussten Veränderung ist immer das Erkennen dessen, was es zu verändern gilt! Natürlich gehen wir davon aus, dass die Erkenntnis dann auch irgendwann in die Tat umgesetzt wird, wir also unsere Angewohnheit ändern und uns etwas Neues angewöhnen.

Was ist eine „Angewohnheit"? Etwas, das man wieder und wieder tut, bis man es irgendwann immer wieder tut, ohne darüber nachzudenken!

Es gibt so vieles, das wir tun ohne darüber nachzudenken; ebenso wichtige Dinge wie sprechen! Zum Beispiel *atmen* viele Menschen auf unnatürliche und vor allem unvorteilhafte Weise. Wie wichtig atmen für den Menschen ist, brauche ich wohl keinem zu erklären. Auch zu diesem Thema gibt es bereits hervorragende Literatur. Persönlich empfehlen kann ich „Das Rebirthingbuch - Die Kunst des Atmens..." von Leonard Orr und Konrad Halbig, ein wirklich lesenswertes Buch!

Essen ist auch eines von den Dingen, die wir größtenteils unbewusst tun. Viele Menschen essen riesige Mengen und dabei auch noch enorm schnell und schlucken teilweise riesige Stücke, mit denen die Verdauungsorgane dann ihre liebe Mühe haben, anstatt dass sie jeden Bissen kauen bis er Brei und ordentlich eingespeichelt (Vorverdauung) ist, bevor sie das Essen herunterschlucken.

Von der Auswahl und Qualität des Essens ganz zu schweigen! Noch bei viel zu vielen Menschen wird der Nahrungsmitteleinkauf allein durch den Preis bestimmt. Biologische Qualität - die natürlich etwas teurer ist (Ein guter Geschmack hatte schon immer seinen Preis!) - kaufen bisher nur jene Menschen, die sich über die Qualität ihres Essens und die Auswirkungen ihrer Handlungen auf das Weltgeschehen - und auch über die Auswirkungen ihres Essens auf ihre Gesundheit - ernsthaft Gedanken machen.

Auch essen viele Menschen Fleisch (Tierleichenteile!), ohne darüber nachzudenken, was sie da tun, geschweige denn, was sie damit verursachen und bewirken! Was denken Sie, wie viele Menschen noch Fleisch essen würden, wenn sie gezwungen wären, die Tiere dafür persönlich zu schlachten, um dabei selbst zu sehen und mitzuerleben, was sie da verursachen?

Beim Thema Energieversorgung existiert auch einiges an Unbewusstheit: Nach wie vor höre ich Menschen in Deutschland über Atomstrom schimpfen und sagen: „Ich will keinen Atomstrom!" Diesen Zeitgenossen scheint etwas entgangen zu sein: In Deutschland gibt es bereits seit vielen Jahren die Möglichkeit, sich mit sauberer, umweltfreundlicher Energie zu versorgen! (www.greenpeace-energy.de kann ich aus persönlicher Erfahrung wärmstens empfehlen!)

Neben einer sinnvolleren und zielgerichteten Ausdrucksweise wie „Ich will umweltfreundliche Energie!", ist es also durchaus hilfreich, sich auch um das zu kümmern, was wir wollen. Nicht gackern, Eier legen!

Der vielleicht größte und deutlichste Beweis für die allgemeine Unbewusstheit und den Hang dazu, Dinge zu tun, weil wir sie schon immer so gemacht haben – „aus Tradition" sozusagen – und weil wir uns daran gewöhnt haben ohne sie jemals zu hinterfragen ist: unser Kalender! Unsere Zeitrechnung! Nun – über Zeit mag ja jeder denken, was er mag. Was unseren Kalender angeht fragt kaum jemand: Macht das denn Sinn? Was bringt das? Warum um alles in der Welt ist bei diesem Kalender jeder Monat unterschiedlich lang? Was soll das?

Wenn ich einen Abstand messen will, nehme ich ja auch ein Zentimetermaß, auf dem die Abstände gleichmäßig abgemessen sind! Ich möchte mal Ihr Gesicht sehen, wenn Ihnen jemand einen Zollstock verkaufen will, bei dem jeder Zentimeter verschieden lang ist! Wenn heute jemand sagt: „Ich brauche dafür einen Monat!", lohnt es sich mitunter zu fragen: „Was für einen? Einen mit 28 oder einen mit 31 Tagen? Oder einen mit 30?" Das ist so albern – und doch machen alle mit! Die meisten haben sich in ihrem ganzen Leben keinen einzigen Gedanken darüber gemacht! Wer sich für dieses Thema interessiert, kann sich mit dem Wissen der Mayas näher beschäftigen, deren Kalender 13 Monate mit je 28 Tagen hat und einen zusätzlichen Neujahrstag!

Es gibt noch etwas, das mir am Herzen (oder auch an der Lunge) liegt und das ich auf jeden Fall deutlich hervorheben möchte. Es betrifft alle Raucher oder zumindest solche, die mit dem Rauchen aufhören wollen (und das sind wohl die meisten!). Solange Sie sich einreden und auch darauf konzentrieren: „Ich will *nicht* rauchen!" oder „Ich will *nicht* mehr rauchen!" liegt Ihr Fokus, Ihre Aufmerksamkeit, beim Thema Rauchen. Sie denken ständig: „Rauchen!" Logisch, dass es so schwerfällt aufzuhören.

Etwas aufhören ist meistens schwierig und auch oft mit unangenehmen Gefühlen verbunden. Etwas anfangen fällt dahingegen wesentlich leichter, *anfangen* hat eine äußerst frische und positive Energie – und damit sind wir auch schon wieder bei dem, was wir wollen: „Ich will eine saubere und gesunde Lunge!" oder „Ich will allein saubere Luft atmen!". Die Gründe, warum jemand mit dem Rauchen aufhören will, sind vielfältig.

Jeder hat seinen eigenen Grund und kann sein persönliches Ziel dementsprechend „positiv" formulieren!
Wir rauchen, um Gefühle zu unterdrücken! Es ist also äußerst hilfreich herauszufinden, welche Gefühle das sind, die wir da unterdrücken und uns zu leben verbieten, damit wir uns damit auseinandersetzen können und alle Schwierigkeiten überwinden! Konzentrieren Sie sich also auf das, was Sie anfangen wollen, das Neue, die Bereicherung für Ihr Leben!

Sie wissen ja, was Sie manifestieren, wenn Sie sagen: „Ich rauche *nicht* mehr!" Lassen Sie das „nicht" weg, dann sehen und hören Sie, was sie ausgedrückt haben. Wenn Ihnen jemand eine Zigarette anbietet, sagen Sie doch besser: „Nein Danke! Ich bin umgestiegen auf Frischluft!"

Da wir uns in diesem Kapitel mit Psychologie beschäftigen, möchte ich zum Schluss einen Text zitieren, der mir wie kaum ein anderer geholfen hat, die Psyche des Menschen zu begreifen. Diese Zeilen haben mich sehr berührt - ich durfte durch sie einen der heftigsten Schicksals-Schläge meines Lebens verstehen! Sie stammen aus dem wundervollen Buch „Jetzt! Die Kraft der Gegenwart"[7] von Eckhart Tolle, das ich jedem ans Herz legen darf:

„Alter Schmerz: Auflösung des Schmerzkörpers
Solange du dir keinen Zugang zur Kraft der Gegenwart verschaffen kannst, werden emotionale Verletzungen, die dir widerfahren, einen Restschmerz hinterlassen, der in dir weiterlebt. Er vermischt sich mit altem Schmerz, der bereits da ist, und bleibt in Verstand und Körper hängen. Das schließt natürlich den Schmerz mit ein, den du als Kind erlitten hast und der durch die Unbewusstheit der Welt verursacht wurde, in die du hineingeboren wurdest.

Diese Ansammlung von Schmerz ist ein negatives Energiefeld, das deinen Körper und deinen Verstand besetzt. Wenn du es dir als ein unsichtbares Wesen mit seiner eigenen Persönlichkeit vorstellst, dann kommst du der Wahrheit ziemlich nahe. Das ist der emotionale Schmerzkörper. Er besitzt zwei Seinsformen: ruhend oder aktiv. Ein Schmerzkörper kann neunzig Prozent der Zeit ruhig sein; in einem sehr unglücklichen Menschen jedoch ist er möglicherweise die gesamte Zeit aktiv. Einige Menschen leben fast ständig in ihrem Schmerzkörper, während andere ihn nur in bestimmten Situationen erfahren, wie zum Beispiel in nahen Beziehungen oder in Situationen, die mit alten Verlusten in Verbindung stehen, mit Verlas-

senwerden, mit körperlichen oder emotionalen Verletzungen und so weiter. Alles kann ihn aktivieren, besonders dann, wenn er mit einem Schmerzmuster aus deiner Vergangenheit in Resonanz geht. Ist er einmal bereit, aus seinem Ruhezustand herauszukommen, dann kann sogar ein Gedanke ihn erwecken oder eine unschuldige Bemerkung von jemandem, der dir nahe steht.

Einige Schmerzkörper sind sehr unangenehm, aber relativ harmlos, so etwa wie ein kleines Kind, das nicht aufhören will zu jammern. Andere sind bösartige und destruktive Monster, wahre Dämonen. Einige sind körperlich, viele sind emotional gewalttätig. Einige neigen dazu, Menschen in deiner Nähe anzugreifen, während andere dich selbst, ihren Wirt angreifen. Dann neigst du zu sehr negativen und selbstzerstörerischen Gedanken über dein Leben. Krankheiten und Unfälle entstehen oft auf diese Weise. Einige Schmerzkörper treiben ihren Wirt in den Selbstmord.

Du glaubst, einen Menschen zu kennen und wirst dann plötzlich zum ersten Mal mit dieser fremden, bösen Kreatur konfrontiert – das kann zunächst sehr schockierend sein. Es ist allerdings wichtiger, das in dir selbst zu beobachten als in anderen. Achte auf jedes Zeichen von Verstimmung in dir, in welcher Form auch immer – es könnte der erwachende Schmerzkörper sein. Er kann sich als Verärgerung ausdrücken, als Ungeduld, finstere Stimmung, als Wunsch zu verletzen, als Wut, Depression, als Bedürfnis nach Drama in deiner Beziehung und so weiter. Greife ihn dir in dem Moment, wo er aus seinem Ruhezustand erwacht. Der Schmerzkörper will leben wie alles andere in der Existenz auch, und das kann er nur, wenn er dich dazu bringt, dich unbewusst mit ihm zu identifizieren. Er kann dann aufstehen, sich deiner bemächtigen, „du werden" und durch dich leben. Er muss seine „Nahrung" durch dich bekommen. Er lebt von jeder Erfahrung, die mit seiner eigenen Art von Energie mitschwingt, von allem, was mehr Schmerz erschafft, in welcher Form auch immer: Wut, Zerstörung, Hass, Trauer, emotionalem Drama, Gewalt und sogar von Krankheit. Sobald er Macht über dich hat, wird der Schmerzkörper also Situationen in deinem Leben erschaffen, die ihm seine eigene Energiefrequenz zurückgeben, damit er sich davon ernähren kann. Schmerz kann sich nur von Schmerz ernähren. Schmerz kann sich nicht von Freude ernähren. Die ist für ihn ziemlich unverdaulich.

Wenn der Schmerzkörper Besitz von dir ergriffen hat, dann willst du immer mehr Schmerz. Du wirst zum Opfer oder zum Täter. Du willst Schmerz zufügen oder selber Schmerz erleiden oder beides. Zwischen den beiden besteht kein großer Unterschied. Du bist dir dessen natürlich nicht bewusst und wirst vehement behaup-

ten, dass du keinen Schmerz willst. Aber schau genau hin und du wirst erkennen, dass dein Denken und Handeln dazu dienen, den Schmerz am Leben zu erhalten, für dich selbst und für andere. Wärest du dir dessen wirklich bewusst, dann würde sich dieses Muster auflösen, denn es ist wahnsinnig, den Schmerz vergrößern zu wollen, und niemand entscheidet sich bewusst für den Wahnsinn.

Der Schmerzkörper ist der dunkle Schatten, den das Ego wirft, und er hat in der Tat Angst vor dem Licht deines Bewusstseins. Er hat Angst, entdeckt zu werden. Sein Überleben hängt von deiner unbewussten Identifikation mit ihm ab und von der unbewussten Angst, den Schmerz in dir anzuschauen. Wenn du ihm aber nicht entgegentrittst, wenn du das Licht des Bewusstseins nicht in deinen Schmerz bringst, dann wirst du gezwungen sein, ihn immer und immer wieder zu erleben. Der Schmerzkörper mag dir vorkommen wie ein gefährliches Monster, das du kaum anzuschauen wagst, aber ich versichere dir, er ist nur ein substanzloses Phantom, das der Kraft deiner Gegenwärtigkeit nichts entgegenzusetzen hat.

Einige spirituelle Lehren sagen, dass aller Schmerz letztendlich eine Illusion ist, und das ist wahr. Hier stellt sich die Frage: Ist es für dich wahr? Dein Glaube allein macht es noch nicht zur Wahrheit. Willst du für den Rest deines Lebens Schmerz erdulden und weiterhin behaupten, er sei nur eine Illusion? Befreit dich das vom Schmerz? Hier geht es uns darum, wie du diese Wahrheit verwirklichen, sie in deiner eigenen Erfahrung wahr machen kannst.

Der Schmerzkörper will nicht, dass du ihn direkt anschaust und als das erkennst, was er ist. Wenn du ihn beobachtest, sein Energiefeld in dir fühlst und ihm deine Aufmerksamkeit gibst, dann ist die Identifikation sofort gebrochen. Eine höhere Dimension von Bewusstsein ist eingetreten. Ich nenne sie Gegenwärtigkeit. Jetzt bist du der Zeuge oder der Beobachter des Schmerzkörpers. Das bedeutet, er kann dich nicht länger benutzen, indem er vorgibt, du zu sein, und er kann sich nicht länger durch dich nähren. Du hast deine eigene innerste Stärke gefunden. Du hast Zugang zur Kraft der Gegenwart gefunden. [...]"

SPRACHMAGIE – DER WEG ZUR MEISTERSCHAFT!

Auf dem Weg zur Meisterschaft der Sprachmagie machen wir uns – alleine schon durch das Meiden der Negativformulierungen – das bewusst, was wir wollen im Leben. Und herauszufinden, was sie wollen, ist wohl für die meisten Menschen das größte Problem oder besser gesagt: die größte *Aufgabe* im Leben!

Des Weiteren werden wir uns durch eine genaue Ausdrucksweise darüber bewusst, wie wir die Dinge sehen. Anstatt „schöne" Stimme sagen wir beispielsweise „angenehme", „hohe", „tiefe", „weiche", „warme" oder „kräftige" Stimme.

Der Weg zur Meisterschaft der Sprachmagie ist der Weg vom „Opfer" zum „Schöpfer". Waren wir bisher hilflose „Opfer" unserer *unbewussten* Schöpfungen, so sind wir uns nun der Macht der Worte bewusst und sind dadurch *bewusste* „Schöpfer" geworden.

Die Sprachmagie lässt die Macht erahnen, die im Ge- und Missbrauch der Sprache liegt! Mit der Zeit erkennen wir die Zusammenhänge von Ursache und Wirkung und erkennen die Ursachen, die zu dem führen, was wir erleben. So können wir unser Schick-sal bewusst(er)leben! Bewusster leben und bewusst erleben!

Im Folgenden sind kurz und übersichtlich die einzelnen Schritte auf dem Weg zur Meisterschaft der Sprachmagie beschrieben:

1. Erkennen und Bewusstmachen der Problematik
2. Verstehen der Funktionsweise der Sprachmagie
3. „Erst denken, dann reden!" – und dann sicherheitshalber sich selbst genau zuhören
4. Magische Worte (Signalwörter) beachten, wahrnehmen und erkennen
5. Unbewusste Formulierungen erneut passend sowie bewusst formulieren und dadurch die Energien korrigieren
6. Bewusstes Reden!
7. Bewusstes Denken! (Gedankenhygiene)

Der **erste** Schritt bei jeder Form von Bewusstwerdung ist das Erkennen der Problematik. Wir erkennen gewisse Umstände, machen uns darüber Gedanken und entscheiden dann bewusst, wie wir damit umgehen. Wir handeln bewusst! In Bezug auf die Sprachmagie liegt das Bewusstmachen der Problematik darin zu erkennen, dass unsere Ausdrucksweise einen entscheidenden Einfluss auf unser Leben hat, dass sie meist unbewusst zustande kommt und dementsprechend in der Welt und unserem Leben eine Menge Schaden anrichtet.

Der **zweite** Schritt besteht im Verstehen der Funktionsweise der Sprachmagie. Diese verstehen wir einerseits durch die Kenntnisse der kosmischen Gesetze (Kausalitätsgesetz, Resonanzgesetz) und andererseits dadurch, dass wir begreifen, dass unsere Sprache reine Energie ist - Gedanken und Emotionen, ausgedrückt in Worten.

Haben wir diese beiden Punkte verinnerlicht, so können wir uns an Punkt **drei** wagen und gehen damit von der Theorie zur Praxis über: „Erst denken, dann reden!" Klingt einfach, ist allerdings schwerer als man denkt - zumindest anfangs, man gewöhnt sich schnell daran! Wir beginnen, was immer wir auch sagen wollen, zuerst in Gedanken zu formulieren. Dabei achten wir natürlich darauf, dass wir präzise ausdrücken, was wir sagen wollen beziehungsweise was wir wünschen! Die Erfahrung hat gelehrt, dass das anfangs und vor allem auf die Dauer sehr anstrengend ist, daher üben wir uns gleichzeitig darin, uns selbst zuzuhören, um wenigstens zu bemerken, wenn wir etwas unpassend formulieren. Es ist ebenfalls sehr hilfreich, anderen genau zuzuhören, um ein tieferes Verständnis für die Thematik zu bekommen. Anderen zuhören ist - so blöd das klingt - einfacher als sich selbst zuhören. So wird einem spätestens bewusst, was wir alles so daherreden, ohne es wirklich zu meinen.

So kommen wir zu Schritt **vier**: Wir lernen, auf magische Worte zu achten und Signalwörter zu bemerken, einer der entscheidenden Schritte auf dem Weg zur Meisterschaft der Sprachmagie. Wenn wir unsere Schwächen erkennen, können wir sie zu Stärken umwandeln! Wir gewöhnen uns an, Signalwörter zu beachten, wir erkennen sie und nehmen wahr, was wir sagen beziehungsweise (energetisch) zum Ausdruck bringen. Wir lernen, unseren Fokus beziehungsweise unsere Aufmerksamkeit auf das zu richten und uns auf das zu konzentrieren, was wir wollen. Wer die Sprachmagie meistern will, tut gut daran, sich anfangs erst einmal auf ein einziges Signalwort zu konzentrieren (zum Beispiel „nicht")! So kann man sich Schritt für Schritt durch das „Wörterbuch" durcharbeiten...

Der **fünfte** Schritt besteht sozusagen aus dem eigenen Auswerten des Gesagten. Haben wir uns dabei erwischt, dass wir etwas unbewusst beziehungsweise unpassend formuliert haben, so formulieren wir das entsprechende Gesagte in unserem Sinne um und drücken uns erneut bewusst aus, um die fehlgeleiteten Energien zu korrigieren. Wenn die Umstände es erfordern, kann man dies allein in Gedanken tun. Sinnvoller und effektiver ist es jedoch, die neue, bewusste Formulierung laut auszusprechen.

Mit der Zeit gelangen wir zu Schritt **sechs**! Der Schritt von der fünften zur sechsten Stufe ist vermutlich der schwerste. Dies ist die Stufe des bewussten Redens. Wir haben gelernt, durch unsere Worte präzise das auszudrücken, was in unserem Sinne das Sinnvollste ist und sind so zu verantwortungsvollen Schöpfern geworden!

Mit Stufe **sieben** haben wir sie erreicht - die Meisterschaft! Die Phase, in der wir über unsere Gedanken nachdenken, ist vorbei. Unsere Gedanken und Emotionen sind voller Liebe und in Harmonie mit unseren Zielen! (Gedankenhygiene!) Jeder Gedanke ist ein Schritt auf dem direkten Weg zum Gewünschten! Reine verantwortungsvolle und bewusste Schöpfung! **Die Meisterschaft der Sprachmagie!**

Je mehr Aufmerksamkeit und Zeit wir investieren, desto schneller beziehungsweise gründlicher beherrschen wir die Sprachmagie!

Falls jetzt tatsächlich der eine oder andere Leser meinen sollte: „Ich bin zu alt, um mich noch zu ändern!", so kann ich dazu sagen: Das einzig Beständige ist der Wandel!

Man ist nie zu alt für „schlechte" Angewohnheiten (also schädliche), und ich versichere Ihnen: Man ist auch nie zu alt für „gute" (sinnvolle/hilfreiche) Angewohnheiten!

So wie man sich angewöhnt, seinen Haustürschlüssel an den Haken neben der Tür zu hängen oder sich vor dem Verlassen des Hauses Schuhe anzuziehen oder vor dem Zubettgehen zu beten, so kann man sich ebenso daran gewöhnen, gewisse Begriffe und Formulierungen zu meiden.

Genauso wie man sich als Jugendlicher mit seiner Sprache nach der Mode richtete, so kann man sich auch bewusst sinnvolle Ausdrücke aneignen und sich daran gewöhnen, diese zu gebrauchen. Zu meiner Jugendzeit benutzten wir mit Begeisterung Begriffe wie „cool" (Sauna ist „cool"!!!), „geil", „ätzend", „hip", „hammerhart" und so weiter. Ich gehe davon aus, dass jeder das kennt. Heute übe ich mich darin, mir Redewendungen wie „Der kann mich gerne haben!" anzugewöhnen, anstelle von „Der kann mich am A.... lecken!" So macht jeder seine Entwicklung. Im Rahmen der Sprachmagie ist letzteres jedenfalls eine äußerst lohnende Angewohnheit! Liebevolle Sprache – liebevolles Leben!

In diesem Zusammenhang habe ich eine Bitte an Sie: Seien Sie geduldig mit sich selbst! Sich ein einzelnes Wort an- oder abzugewöhnen kann schon eine Weile dauern. Wer alleine schon das „nicht" gemeistert und aus seinem Sprachschatz verbannt hat beziehungsweise es nur noch bewusst anwendet (verschwindend wenig), ist schon sehr gut! Wer schon einmal versucht hat, fünf zusammenhängende Sätze (flüssig!) zu sagen ohne ein „nicht" oder „nie", der weiß, wovon ich rede und was für eine Kunst die Sprachmagie ist! Wie lange es dauert, die Meisterschaft der Sprachmagie zu erreichen? Ich habe keine Ahnung! Ich selbst bin jedenfalls nach wie vor auf dem Weg!

Nehmen Sie sich die Zeit, die Sie brauchen! Und das Wichtigste: Genießen Sie es! Freuen Sie sich über jeden Fortschritt – jeden kleinsten Schritt –, in der Gewissheit, dass jede noch so kleine Besserung Ihrer Ausdrucksweise Sie näher an das heranbringt, was Sie wirklich wollen! Sprache ist Gefühl beziehungsweise der Ausdruck von Gefühlen! Fühlen Sie die Energie der Worte! Sprache ist Kunst! Seien Sie kreativ, und schaffen Sie etwas Angenehmes! Wie ein Gemälde eine ganze Weile braucht, um fertig zu werden, so entwickelt sich auch die Sprache in ihrer eigenen Geschwindigkeit. Je mehr wir dafür tun und je mehr Zeit und Aufmerksamkeit wir investieren, desto schneller entwickelt es sich – wie alles im Leben!

Ich habe noch eine große Bitte und einen gut gemeinten Rat:

Nicht dogmatisch werden!

Das liegt mir sehr am Herzen! Sicherlich ist es erfreulich, wenn es gelingt, alles positiv auszudrücken. Dennoch ist es angebracht - wie mein obiger Rat schon erraten lässt -, stets die Umstände um uns herum wahrzunehmen und uns passend, angemessen und stilvoll auszudrücken. Das eine oder andere „nicht“ und ganz besonders „Nein!“ ist in einem Leben in der derzeitigen Gesellschaft durchaus schon mal vonnöten beziehungsweise absolut angebracht! Ebenso ist es sinnvoll, die eigenen Sprachkorrekturen dermaßen im Rahmen zu halten, dass auch andere Menschen weiterhin den Sinn unserer Aussagen begreifen können! Also bitte: Nicht dogmatisch werden!

Über Vorstellungs-*kraft* haben wir jetzt im Verlauf des Buches reichlich erfahren. Die Vorstellungskraft wird oft verwechselt mit einem anderen Phänomen, vor dem ich Sie an dieser Stelle eindringlich warnen möchte: die Einbildungs-*kraft*! Ich meine jetzt nicht die Einbildungskraft, welche die Sinne täuscht und Sie Dinge sehen und hören lässt, die allein Sie sehen und hören.

Ich rede von Arroganz! Es ist leider ein weitverbreitetes Phänomen, dass der Mensch, sobald er etwas mehr weiß als die anderen, beginnt, auf diese herabzusehen - und dann vergisst er unsagbar schnell, dass er sich selbst bis vor kurzer Zeit über all dies im Unklaren war! Er beginnt, die anderen zu verurteilen, weil ihnen gewisse Erkenntnisse noch fehlen und sie daher auf einer anderen Entwicklungsstufe sind.

Das ist genauso intelligent wie auf einen Stein herabzusehen, ihn auszulachen, ihn zu verspotten und ihn zu verurteilen, weil er „nur“ ein Stein ist. Der vermeintlich „Weise“ ist voller Arroganz und Lieblosigkeit! Zwischen Esoterik und Exoterik hat er sich dann in der Ego(!)terik verfangen. (Mit „Egoteriker“ bezeichne ich die „lieblosen Weisen“ beziehungsweise vermeintlich Weisen, also diejenigen Zeitgenossen, welche unsagbar viel gelesen und auswendig gelernt haben, allerdings nur sehr wenig davon anwenden...)

Die Sprachmagie berührt gleichermaßen den Bereich der Esoterik wie auch den der Exoterik und verbindet beide Welten - sie verbindet unser Inneres durch unsere Gedanken und Worte in Form unserer Schöpfungen mit dem Außen. Wenn wir ein liebevolles Leben wünschen, so sollten wir jegliche Arroganz - was etwas ganz anderes ist als ein gesundes Selbstbewusstsein - meiden. Arroganz bedeutet Lieblosigkeit, Toleranz bedeutet Liebe!

Letztendlich geht es bei der Sprachmagie darum, mehr Klarheit, Licht und damit auch Liebe in die Sprache und somit auch ins Leben zu bringen!

Was halten wir also von verurteilender Arroganz? Abstand!

Eine wunderbare und passende Weisheit aus dem Talmud lautet:

> *Achte auf Deine Gedanken, denn sie werden Worte;*
> *achte auf Deine Worte, denn sie werden Handlungen;*
> *achte auf Deine Handlungen, denn sie werden Gewohnheiten;*
> *achte auf Deine Gewohnheiten, denn sie werden Dein Charakter;*
> *achte auf Deinen Charakter, denn er wird Dein Schicksal.*

ERZIEHUNGSSACHE

Unsere Sprache entwickelt sich zum Großteil, wenn wir ungefähr im Alter zwischen zwei und vier Jahren sind - genaugenommen in der Zeit, in der wir die ersten Worte aussprechen bis zu der Zeit, in der wir die letzten grundlegenden Worte des Grundwortschatzes lernen. Natürlich prägt uns auch vorher schon das Zuhören, und auch später lernen wir noch weitere Worte, durch die wir unseren Wortschatz vergrößern.

Der Zeitraum innerhalb unserer Sprachentwicklung, der entscheidend ist für unsere Ausdrucksweise, liegt allerdings in der frühen Kindheit - jedenfalls vor dem Alter der Schulpflicht! Die „Schuld" aufs System zu schieben, können wir in diesem Falle also schon einmal vergessen, zumindest nicht aufs Schulsystem - höchstens auf den Kindergarten oder aufs Fernsehen. Wenn unsere Kinder ständig vor dem Fernseher sitzen und den ganzen Tag die Flimmerkiste anstarren, so liegt das allerdings ebenfalls in unserer Verantwortung.

Ich hatte bereits die große Ehre, einem Kind bei der Sprachentwicklung beizustehen! Ich empfinde diese Angelegenheit als große Verantwortung sowie grenzenlose Freude und Erkenntnis! Kinder lernen unbeschreiblich schnell! Und noch etwas: Kinder sind auch die besten Lehrer der Sprachmagie, wenn sie die Prinzipien und Funktionsweise erst einmal begriffen haben! Das, womit wir Erwachsene in den Wahnsinn treiben können, ist für Kinder ein Riesenspaß! Nehmen wir sie wörtlich! Kinder sind clever! Sie lernen blitzschnell, sich anders auszudrücken, bis uns nichts mehr einfällt, womit wir sie „reinlegen" können. Auf diese Weise lehren sie uns gleichzeitig zahlreiche Alternativen, wie man sich ausdrücken kann.

Nehmen Sie sich in Acht! Wenn Sie damit einmal angefangen haben, sind Sie es plötzlich, der sich beeilen darf mit dem Lernen - oder mit dem Beherrschung üben! Schneller als Ihnen lieb ist bekommen Sie selbst zu spüren, wie anstrengend und nervend es sein kann, wenn jemand ständig alles wörtlich nimmt oder dogmatisch wird beziehungsweise es übertreibt...

K: „Sag mal, wie spät es ist!"
E: „Mal wie spät es ist?"

K (lachend): „Sag mal bitte, wie spät es ist!"
E: „Mal bitte wie spät es ist?"

K: „Sag mal bitte!" (lachend)
E: „Mal bitte!"

K: „Hör auf damit!" (leicht empört)
E: „Ich tu doch genau, was Du sagst?" (ebenfalls empört)

K: „Sag mir jetzt mal bitte, wie spät es ist!" (lachend)
E: „Mir jetzt mal bitte wie spät es ist! Hör mal, was soll das?" (naiv fragend)

K: „Ich will...wie spät ist es?"
E: „Es ist 15:55 Uhr!"

Dies ist eine von unzähligen Möglichkeiten, wie wir mit etwas Humor und viel Spaß für eine bewusste Sprache unserer Kinder sorgen können. Ich gehe davon aus, dass jedem, der genügend Elternliebe in sich trägt, reichlich gute Beispiele und Möglichkeiten einfallen, wie er seinem Kind eine bewusste Sprache beibringt.

Doch betrifft die Sprachmagie neben der Formung der Ausdrucksweise der Kinder selbst ebenso den Bereich unserer eigenen Ausdrucksweise im Umgang mit den Kindern. Ich kann einem Kind erzählen, dass es jetzt ins Bett *„**muss**, weil ich das so will"* und es das nun mal so hinnehmen **muss**. Man kann ein Kind auch damit bestrafen, dass es früher ins Bett gehen **muss**. Durch solches Konditionieren legen wir Werte fest wie: Schlafen und ins Bett gehen ist eine Strafe und ist unangenehm!

Allerdings können wir einem Kind das Schlafen auch schmackhaft machen, so dass es genießen kann, ins Bett zu gehen. Der Schlaf ist unser Freund, der uns stark macht und uns - sollten wir einmal krank sein - auch wieder gesund macht. Wir können dem Kind erklären, dass wir uns gleich wiedersehen im Land der Träume und dass dort schließlich viele tolle Sachen möglich sind, die nur dort möglich sind. Wir können absprechen, uns dort zu treffen. Mein lieber Wanja hatte eine Phase, in der er abends vorm Zubettgehen ein Riesentheater gemacht hat, da er wach bleiben wollte. Ich schrieb ihm ein Schlaflied, um ihm das Schlafengehen schmackhafter zu machen. Jeden Abend sangen wir fortan unser Lied und siehe da: Er ging freiwillig und gut gelaunt ins Bett! Nach dem Schlaflied und bevor ich aus dem Zimmer ging, sagte er immer zu mir: *„Bis gleich im Land der Träume!"*

Wanjas Schlaflied:
Des Nachts am Himmel stehen Mond und Sterne.
Bei so viel Glanz, ja, da reise ich gerne
ins Land der Träume, wo wir uns trafen,
wo auch die anderen Leute schlafen!

Im Land der Träume sehen wir uns wieder.
Wir werden tanzen und singen Lieder,
wir spielen fangen, springen, fliegen,
und unsere Liebe wird immer siegen!

Dieser kurze Text beinhaltet so viel Positives, was das Kind mit Schlaf assoziieren kann: Den Mond, die Sterne und alles was glänzt mag jedes Kind! Auch reisen gefällt den meisten. Die Tatsache, dass auch die anderen Leute schlafen gehen, nimmt dem Kind das Gefühl, als einziger ins Bett gehen zu müssen.

Die zweite Strophe entstand erst etwa ein Jahr später, da Wanja sein Schlaflied als zu kurz empfand, und auch hier habe ich mich um einen pädagogisch wertvollen Text bemüht. Ein Grund, warum Kinder häufig wach bleiben wollen, ist der, dass sie bei uns bleiben wollen, statt sich von uns zu trennen. Daher beschreibt die zweite Strophe, dass man sich direkt nach dem Einschlafen wiedersehen kann, um dann die verschiedensten tollen Sachen zu machen, wobei wir uns um Sicherheit keine Gedanken machen brauchen, da unsere Liebe immer siegt...

So lenken wir die Aufmerksamkeit des Kindes auf die positiven Aspekte des Lebens!

Auch unsere eigene Aufmerksamkeit sollten wir allerdings auf die positiven Aspekte lenken, wie zum Beispiel, wenn wir unsere Kinder um etwas bitten. Wenn wir unser Kind bei der Oma abliefern mit den Worten: *„Mach keinen Ärger!"*, ist alles, was die Umstehenden im Kopf haben „Ärger". Sagen wir dahingegen: *„Sei schön lieb!"*, steigen unsere Chancen gewaltig! Es ist auch wirklich weder clever noch nett oder besonders fair, ein Kind ständig an das zu erinnern, was es unterlassen soll. So bringt man die Ideen in die Welt!

Wir können sagen: *„Macht nicht so viel Lärm!"*, wir können aber auch sagen was wir wollen: *„Seid bitte leise!"* oder *„Schont bitte meine Ohren!"*

Doch die Sprachmagie betrifft neben der Erziehung von Kindern ebenso die Erziehung unserer Haustiere, am meisten die der Hunde, die ständig mit der menschlichen Sprache in Berührung kommen. Bei Hunden zeigt sich am deutlichsten, wie wichtig es ist, seinen Fokus auf das zu richten, was man will! Wir sagen einem Hund: *„Wir gehen nicht spazieren!"* und wundern uns, dass er sich freut und mit dem Schwanz wedelt! Ein Hund merkt kaum einen Unterschied zwischen dem Satz *„Wir gehen gleich spazieren!"* und dem Satz: *„Wir gehen nicht spazieren!"* So etwas wie „nicht" kennt der Hund *nicht*! Er hat eine bestimmte Vorstellung zu einzelnen Worten unserer Sprache. Eines davon ist „spazieren", und jetzt raten Sie einmal, was er denkt, wenn er dieses Wort hört? Irgendwie logisch, oder? Sinnvoller ist es, ihm zu sagen: *„Wir bleiben Zuhause!"* oder *„Wir bleiben hier!"* Mit den Worten „Zuhause" und „hier" (wenigstens mit einem davon) können die meisten Hunde etwas anfangen.

Ebenso ist es, wenn wir sagen: *„Lauf nicht weg!"* Der Hund hört beziehungsweise kennt nur: „Lauf!" Wir reden vom Weglaufen, meinen aber „Hier bleiben"! Wie soll der Hund dem folgen können? Wie soll ein Kleinkind das begreifen?

SPIELEND LEICHT!

Ob groß, ob klein, durch Spiele lernen wir spielend leicht! Und dabei haben wir zusätzlich eine ganze Menge Spaß! Während meiner Forschungsreise durch die Welt der Sprachmagie habe ich mir inzwischen einige Spiele einfallen lassen, die es uns ermöglichen, mit viel Spaß unsere Ausdrucksweise zu optimieren und so zu bewussten Schöpfern heranzuwachsen.

Aufpassen:
Dieses Spiel können wir jederzeit und überall alleine in Gedanken oder auch laut redend spielen. Wir nehmen uns ein Wort vor - zum Beispiel „nicht" - und hören uns konsequent selbst zu. Vorausgesetzt wir ertappen uns selbst in und bei unseren Gedanken dabei, dass wir ein „nicht" verwenden, so formulieren wir den entsprechenden Satz positiv neu (am besten laut, es sei denn, wir sind gerade beim Psychiater!). Denken wir beispielsweise: „Hoffentlich habe ich heute Nacht nicht wieder Alpträume!", und bemerken dann das „nicht", so formulieren wir in unserem Sinne um und denken oder sagen: „Hoffentlich habe ich heute Nacht wieder *angenehme* Träume!"

Der Schwierigkeitsgrad dieses Spieles lässt sich um einige Schwierigkeitsstufen steigern. Nehmen wir beispielsweise ein zweites Wort hinzu - zum Beispiel „hoffentlich" - oder alle Worte, die unter die Kategorie „Zweifel" fallen, so wird aus unserem Satz: „*Sicherlich* habe ich heute Nacht wieder angenehme Träume!" Nehmen wir noch den Aspekt „Haben und Sein" hinzu, formulieren wir: „Sicherlich *träume* ich heute Nacht wieder angenehm!"

Wir können dieses Spiel auch gemeinsam mit anderen spielen, auch mit Kindern, wobei wir vorher den Schwierigkeitsgrad beziehungsweise die zu beachtenden Worte oder Kategorien festlegen. Vorausgesetzt wir haben bei irgendwem ein „nicht" (oder was auch immer wir festgelegt haben) entdeckt, so formulieren wir den entsprechenden Satz positiv neu. Zu zweit macht es doppelt Spaß! A: „Hoffentlich regnet es morgen nicht!" B: „Du meinst, Du willst, dass morgen die Sonne scheint?"

Geschichten erzählen:
Wenn wir dieses Spiel spielen wollen, ist es sinnvoll, wenn wir mindestens zu zweit sind. Es können so viele weitere Mitspieler mitmachen, wie wir finden können. Irgendeiner fängt an und beginnt, eine Geschichte zu erzählen. Es ist vollkommen gleichgültig, worum es geht. Natürlich kann man auch ein Thema festlegen, wenn man dies will. Entscheidend bei diesem Spiel ist die Ausdrucksweise beim Erzählen. Hat ein Mitspieler den Erzähler dabei ertappt, dass er eine Negativformulierung verwendet, so unterbricht er diesen mit einem deutlichen „nicht", und dann ist er an der Reihe mit Weitererzählen. Er korrigiert den Satz, in dem die Negativformulierung auftauchte, und erzählt die Geschichte nach Lust und Laune weiter.

A: Es war einmal ein Frosch, der lebte in einem wunderschönen Teich. In diesem Teich lebte auch eine Frosch-Prinzessin, die der Frosch sehr begehrte, allerdings liebte sie ihn nicht...

B: Nicht! In diesem Teich lebte auch eine Frosch-Prinzessin, die der Frosch sehr begehrte, allerdings blieb die Liebe des Frosches unerwidert. Er sang tagein, tagaus für sie und wurde niemals müde. Nicht einmal in der Nacht verstummte sein Gesang...

A: Nicht! Selbst nachts sang er weiter. Die Frosch-Prinzessin ignorierte das gekonnt...

Wir können dieses Spiel auch so spielen, dass wir uns statt einer Geschichte ein Gedicht ausdenken, was natürlich etwas schwieriger ist:

A: Es war einmal ein Frosch, der machte immer zosch, das tat er für die Weibchen fein, denn er wollte nicht alleine sein...

B: Nicht! ...das tat er für die Weibchen fein, denn wer will schon alleine sein?...

Dieses Spiel ist in seiner einfachsten Form auch für Kinder geeignet. Bei beiden Versionen lässt sich der Schwierigkeitsgrad auch hier beliebig steigern! Man kann einzelne Wörter festlegen, von denen die Geschichte beziehungsweise das Gedicht frei zu sein hat, wie „nicht", „nie", „aber" und so weiter, oder auch ganze Wortgruppen alle Bewertungen oder alle Konditional- oder Zukunftsformulierungen. Der Phantasie sind auch hier - wie bei der Sprachmagie generell - keinerlei Grenzen gesetzt!

Geschichte vorlesen:

Auch dieses Spiel macht erst Sinn, wenn wir es mindestens mit zwei Spielern spielen. Außerdem ist es durchaus von Vorteil, wenn die Mitspieler lesen können. Wieder einigen wir uns zu Beginn des Spieles auf ein magisches Wort, beispielsweise „nicht". Wir können uns auch auf mehrere Worte einigen, je nach gewünschtem Schwierigkeitsgrad. Einer liest eine beliebige Geschichte vor; hierfür eignet sich nahezu jeder Text. (Außer dieses Buch vielleicht, das enthält wirklich sehr wenig Negativformulierungen!) Der oder einer der Zuhörer sagt „nicht", sobald ihm das erste „nicht" auffällt.

Nun wird der vorgelesene Text in Ruhe kontrolliert. War das gefundene tatsächlich das erste genannte „nicht", so bekommt der Vorleser einen Punkt. Gab es weitere, die den Zuhörern entgangen sind, so bekommt der Vorleser entsprechend mehr Punkte (ein Punkt pro magisches Wort). Der, welcher als Letztes „nicht" gerufen hat, ist jeweils als Nächstes dran mit Vorlesen. Kinder, die selbst des Lesens unkundig sind, dürfen mit einem Erwachsenen zusammen spielen und gemeinsam Punkte sammeln. Sie übernehmen dann den Teil des Zuhörens um so intensiver. Dieses Spiel ist kinderleicht. Wählen wir allerdings mehrere Begriffe oder gar Kategorien, kann es plötzlich ganz schön schwierig sein.

Bei diesem Spiel ist es sinnvoll, darauf zu achten, dass wir lediglich einige wenige Begriffe auswählen. Wählen wir zu viele aus oder gar ganze Kategorien, so stellen wir schnell fest, dass wir beim Lesen kaum vorwärtskommen. Andererseits ist dies natürlich eine interessante Methode, sich bewusst zu machen, wie unbewusst die meisten Texte formuliert sind. Allerdings ist es wohl angemessen, das dann sinnvollerweise alleine zu tun...

Wieso?:
Hier geht es um Klarheit! Dieses Spiel ist ebenfalls für mindestens zwei Mitspieler gedacht. Vor dem Spiel einigen wir uns entweder auf ein magisches Wort (zum Beispiel „nicht“) oder auch auf mehrere oder wir beschließen einfach, frei von allen Festlegungen jederlei Unklarheit zu hinterfragen. Auf diese Weise enttarnen beziehungsweise entdecken wir auch oft neue magische Worte.

Sobald also einer redet, hört der andere (oder die anderen) ganz genau zu. Sobald er auch nur die geringste Unklarheit entdeckt (oder entsprechend festgelegte/s Wort/e), befragt er den Sprecher dazu in der Wieso-Form. Dieser formuliert seinen Satz passend um und so weiter. Ziel des Spiels ist es, eine lockere und flüssige Sprache zu entwickeln, die frei ist von jeglichen Unklarheiten. Davon sind wir anfangs allerdings meist weit entfernt, dafür ist das Spielen um so lustiger:

„Einer kann mal langsam etwas sagen, damit das Spiel beginnt! Ich finde, wir können jetzt eigentlich anfangen!“ „Wieso *eigentlich*?“ „Ich meine, ich finde, wir können jetzt anfangen! Und jetzt spielen wir ja auch schon! Na endlich! Der Anfang ist manchmal mühsam, bis der erste sich überwindet, etwas zu sagen. Aber wie bei den meisten Sprachmagie-Spielen ist der Trick: Einfach drauflos plappern, einfach überwinden, sonst geht es nicht los!“ „Wieso *nicht*?“

Übersetzungen:
Für dieses Spiel nehmen wir uns die Texte aus dem Kapitel „Übersetzungen“ zur Hand. Wir wählen einen der elf Texte aus und versuchen die unterstrichenen Worte der ersten Version jeweils sinnvoll und passend zu ersetzen. Wir steigern den Schwierigkeitsgrad, indem wir irgendwelche anderen Texte auf magische Worte untersuchen und angemessen nach den Regeln der Sprachmagie übersetzen.

Wörtlich nehmen:
Auch für dieses Spiel sollten wir mindestens zu zweit sein, allerdings sollten lediglich so viele Spieler mitmachen, dass eine Unterhaltung nach wie vor möglich ist. Wir unterhalten uns über ein beliebiges (je nachdem auch

festgelegtes) Thema. Drückt sich jemand beim Reden in irgendeiner Form unklar aus, so dass Interpretationsmöglichkeiten entstehen, gehen wir sofort darauf ein, und zwar so, wie wir reagieren würden, wenn wir die andere Möglichkeit verstanden hätten. Dieses Spiel ist schon schwieriger, macht aber - wenn man den entsprechenden Horizont hat - dafür auch mindestens doppelt so viel Spaß!

In Anbetracht dessen, dass lachen sehr gesund ist, ist dies ein überaus gesundes Spiel! Wir hatten dabei schon eine ganze Menge Spaß - und später Muskelkater vom Lachen...

„Mein Handy ist im Arsch!" „Autsch! Tut das sehr weh? Steckt es tief?"

„Lass uns andere Musik hören, die ist so traurig!" „Das hilft wohl kaum!" „Warum?" „Hast Du schon einmal gehört, dass Ignoranz bei Traurigkeit hilft?"

„Das schreibe ich mir gleich auf, bevor ich das wieder vergesse!" „Wieso willst Du das wieder vergessen?"

„Ich muss Dir was erzählen, das glaubst Du nicht!" „Warum willst Du es mir erzählen, wenn Du denkst, dass ich es sowieso nicht glaube?"

TV-Spielshows:
Hier noch eine kleine Anregung für all die Spielshow-Liebhaber. Der ein oder andere Leser hat mit Sicherheit Kontakte und Möglichkeiten, Einfluss zu nehmen auf irgend jemanden, der in dieser Branche zu tun hat. Wenn ich bislang auch kein besonderer Fan von TV-Spielshows bin, das kann sich ändern. Die ersten drei Spiele eignen sich hervorragend für eine Spielshow - das ist doch mal was Neues! So fangen auch die Massen an, sich Gedanken über ihre Ausdrucksweise zu machen!

JEDES ENDE IST EIN NEUER START!

Jedes Ende ist ein neuer Start! Ganz gleich, um welche Art von Ende es sich handelt, immer bringt das Ende des einen den Anfang von etwas anderem hervor, einen neuen Start!

Wir verlassen den einen Ort und kommen an einem anderen an!

Wir beenden die eine Lektion und beginnen eine neue!

In diesem Sinne möchte ich mich nun von Ihnen verabschieden und Ihnen einen erfolgreichen und angenehmen Start wünschen. Dieses Buch ist nun zu Ende - möge es den Start bilden für Ihre persönliche Reise durch die Welt der Sprachmagie hin zur Meisterschaft für ein bewusstes Schöpfen der eigenen Realität!

Ich danke Ihnen von tiefstem Herzen für Ihre Aufmerksamkeit und das Interesse und bin erfüllt von Freude bei dem Gedanken, was die Veränderung im Bewusstsein allein eines einzelnen Menschen bewirkt und vertraue darauf, dass wir alle eines Tages „Meister der Sprachmagie“ sind, also bewusste Schöpfer unseres Schicksals. Ich möchte dieses Buch beenden mit einem Gedicht, das ich etwa einen Monat bevor ich mit diesem Buch begann schrieb und das sozusagen den Beginn einer schöpferischen Phase darstellte:

Alles kommt zurück!

Ich liebe das Leben, wie es ist;
habe gelernt, wie man genießt,
denn ich habe all das selbst geschaffen
und die Wahl dafür längst getroffen.
Entschied ich, das zu ignorieren,
würde mir dasselbe stets passieren.

Alles, alles kommt zurück!
Manchmal fehlt mir noch der Blick
und die Erinnerung, was ich dachte
und dann sagte und dann machte!

Jeder Schritt in meinem Denken
wird meine Wege lenken.
Jedes Wort aus meinem Munde
kehrt zurück zur rechten Stunde.
Jede Tat wird meinem Leben
einen neuen Einfluss geben.

Früher „kämpfte" ich mit „Problemen";
diese Last konnte ich mir nehmen.
Jetzt sind das Aufgaben im Leben,
und ich will nach der Lösung streben.
Seit ich weiß, wie es funktioniert,
bestimme ich selbst, was mir passiert.

Steht oft ein Richtungswechsel an,
kommt man langsamer voran,
und doch ist jede Richtung richtig,
das Lernen und der Weg so wichtig.
Bei all dem, was wir erleben,
wird es immer was zu lernen geben.

Ich will immerzu genießen,
mit dem Fluss des Lebens fließen,
und mein Schicksal dankbar leben,
in Liebe nach mehr Weisheit streben!
Immerzu habe ich es im Sinn:
Das Leben liebt mich, wie ich bin!

Alles, alles kommt zurück!
Manchmal fehlt mir noch der Blick
und die Erinnerung, was ich dachte
und dann sagte und dann machte!

In diesem Sinne wünsche ich Ihnen von ganzem Herzen alles erdenklich Gute, Gesundheit, Kraft und Weisheit und ganz viel

Licht und Liebe!

Anya Stössel

DANKE!

Als Erstes möchte ich mich bei Thomas bedanken, der den Anstoß zu diesem Buch gab, und bei Jan, durch den ich einsah, wie wichtig das Thema Sprachmagie ist und der mir in den inzwischen mehr als 20 Jahren unserer Freundschaft immer wieder mit Rat und Tat zur Seite steht. Herzlichen Dank! Ein ganz großes Dankeschön auch an Amadeus, der mir für diese neue Auflage ein wunderschönes Cover gezaubert hat!

Ganz besonders danke ich all meinen Lesern, welche die Sprachmagie mehr und mehr ins Bewusstsein der Menschen bringen und diese fünfte Auflage möglich gemacht haben.

Von ganzem Herzen: **DANKE!**

QUELLEN

1. „Hände weg von diesem Buch!“ (Jan van Helsing)
2. „Lass los“ (Paul Williams)
3. „Das Geheimnis der Zeit und Satans“ (Edward Carpenter)
4. „Haben oder Sein“ (Erich Fromm)
5. „Bericht vom Leben nach dem Tode“ (Arthur Ford)
6. „Die Prophezeiungen von Celestine“ (James Redfield)
7. „Jetzt! Die Kraft der Gegenwart“ (Eckhart Tolle)

BEWUSST(ER)LEBEN – das neue Buch von Anya Stössel

Anya Stössel

Alles, was wir tun, hat eine Wirkung in unserem Leben und ist und hat zugleich eine Ursache! Wenn wir unser eigenes Handeln genauer unter die Lupe nehmen, darüber nachdenken und es dann bewusster gestalten, setzen wir neue Ursachen, die uns dementsprechend neue Wirkungen bescheren. So können wir unser Leben Schritt für Schritt einem wundervollen Wandel unterziehen!

Dieses Buch ist eine Einladung an alle, sich ihre eigenen Verhaltensweisen und Taten bewusst zu machen und diese gegebenenfalls bewusster zu gestalten, wenn sie es denn so wünschen. Automatisch wird beim Lesen dieses Buches das Bewusstsein dafür stimuliert, Verhaltensweisen und Gewohnheiten zu hinterfragen, und der Leser wird dazu angeregt herauszufinden, ob er das, was er macht, auch wirklich tun will, oder ob er die Dinge, die er tut, nur deshalb tut, weil er es schon immer so gemacht hat – oft aus Gewohnheit oder Gedankenlosigkeit –, ohne jemals zu hinterfragen, ob das auch tatsächlich dem entspricht, was er wirklich will – mit allen Konsequenzen. Da alles, was wir tun, einen direkten Einfluss auf unser Leben hat, also auch auf unsere Lebensqualität, macht es durchaus Sinn, sich darüber Gedanken zu machen.

Nach dem ersten Werk der Autorin "Sprachmagie – Die Macht der Worte" war es im Grunde logisch und nur eine Frage der Zeit, dass nun mit "Bewusst(er)leben!" auch der dem Worte folgende Schritt – die Tat – genauer unter die Lupe genommen wird.

Auf erfrischend offene und ehrliche Art und Weise geht die Autorin auf viele Themen des alltäglichen Lebens ein – größtenteils Dinge, die wir alle täglich tun – und erwähnt dabei zahlreiche Beispiele aus ihrem eigenen Leben.

"Bewusst(er)leben!" bedeutet, frischen Wind in Ihr Leben zu bringen und gleichzeitig etwas Gutes zu tun, von dem wir alle profitieren! Machen Sie mit!

ISBN 978-3-00-072385-8 • 17,90 Euro

HANDBUCH FÜR GÖTTER

Jan van Helsing

Egal, was die Illuminaten vorhaben, was ist DEIN Plan?

In diesem Buch spricht Jan van Helsing, der bereits im August 2019 über den Corona-Plan informiert war, mit Johannes, einem Hellsichtigen, der sozusagen einen guten „Draht nach oben" hat. Beide gehen der Frage nach, wieso die Mächtigen dieser Welt – die Illuminaten –, die hinter all diesen Szenarien stecken, eine solche Angst haben, dass ihre Machenschaften auffliegen, dass sie deswegen Videos, Bücher sowie Menschen auf dem gesamten Globus zensieren. Wovor haben sie Angst? Die Illuminaten kennen ein Geheimnis, das sie ganz schnell ihrer eigenen Macht berauben würde – hätten die Menschen Kenntnis davon. Es ist etwas, das in jedem von uns verborgen ist, weshalb man uns durch eine gigantische Ablenkungsindustrie davon abhält, uns auf die Suche nach diesem Geheimnis zu machen. Das „Handbuch für Götter" zeigt Möglichkeiten auf, wie jeder Einzelne diese Kraft entdecken und im täglichen Leben zum Einsatz bringen kann.

ISBN 978-3-938656-64-8 • 21,00 Euro

DIE KINDER DES NEUEN JAHRTAUSENDS

Jan van Helsing

Mediale Kinder verändern die Welt!

Der dreizehnjährige Lorenz sieht seinen verstorbenen Großvater, spricht mit ihm und gibt dessen Hinweise aus dem Jenseits an andere weiter. Kevin kommt ins Bett der Eltern gekrochen und erzählt, dass *„der große Engel wieder am Bett stand"*. Peter ist neun und kann nicht nur die Aura um Lebewesen sehen, sondern auch die Gedanken anderer Menschen lesen. Vladimir liest aus verschlossenen Büchern und sein Bruder Sergej verbiegt Löffel durch Gedankenkraft.

Das sind Ausnahmen, meinen Sie, ein Kind unter tausend, das solche Begabungen hat? Nein, keinesfalls! Wie der Autor in diesem, durch viele Fallbeispiele belebten Buch aufzeigt, schlummern in allen Kindern solche und viele andere Talente, die jedoch überwiegend durch falsche Religions- und Erziehungssysteme, aber auch durch Unachtsamkeit oder fehlende Kenntnis der Eltern übersehen werden. Und das spannendste an dieser Tatsache ist, dass nicht nur die Anzahl der medial geborenen Kinder enorm steigt, sondern sich auch ihre Fähigkeiten verstärken. Was hat es damit auf sich? Lauschen wir den spannenden und faszinierenden Berichten medialer Kinder aus aller Welt.

ISBN 978-3-9807106-4-0 • 23,30 Euro

SELBSTHEILKRAFT

Klaus Medicus

Die Schlüssel zur Entfaltung höchster Potentiale

»Selbst-Heilkraft« ist das innovative Praxisbuch eines wirklichen Medicus unserer Zeit, das sich mit Leichtigkeit über künstlich gesetzte Grenzen klassischer Medizin, konventioneller spiritueller Leitfäden und des herkömmlichen Denkens hinwegsetzt. Wir sind frei, eine Revolution des Geistes zu erleben, mit der wir die Fesseln alltäglicher Propaganda hinsichtlich Gesundheit, Spiritualität, Gesellschaft, Umwelt und Politik sprengen. In jedem Menschen liegt ungeahntes Potential eigener Schöpferkraft verborgen, das es zu entdecken gilt. Der Medicus nimmt seine Leser mit auf eine faszinierende Reise in Weiten menschlichen Bewusstseins, auf der sich durch die Aktivierung der Zirbeldrüse Zugänge ins universelle Quantenfeld öffnen und die Kraft erlebter Gegenwärtigkeit direkt erfahrbar wird.

ISBN 978-3-938656-74-7 • 21,00 Euro

SCHUTZENGEL & CO

Martina Heise

Jeder Mensch hat einen Schutzengel

Wir werden von Engeln und anderen geistigen Wesen begleitet – jeden Tag. Doch nur wenige können diese bewusst wahrnehmen und mit ihnen kommunizieren. Martina Heise wurde mit dieser Gabe geboren und konnte von klein auf nicht nur ihren Schutzengel sehen, sondern auch die Seelen Verstorbener. Von ihrem Schutzengel wurde sie zum einen über den Sinn des Erdendaseins unterrichtet und zum anderen über die Mechanismen des Lebens, vor allem aber darüber, was im Jenseits auf uns wartet und wie wir uns das vorstellen können. In diesem Buch schildert Martina, wie sie lernte, mit den geistigen Wesen zu kommunizieren, welche Unterschiede es bei den feinstofflichen Wesen gibt, wie sie mit uns in Kontakt treten, uns Botschaften übermitteln und wie wir diese verstehen können. Sie erklärt auch die Gefahr, die von Besetzungen, Dämonen und anderen dunklen Wesen ausgeht und wie man diese beseitigen und unsere Häuser von solchen dunklen Energien befreien kann. Außerdem stellt sie Übungen zur Verfügung, wie man sich vor Negativem schützen kann.

ISBN 978-3-938656-38-9 • 21,00 Euro

Das Handbuch für alle, die gesund, glücklich und lange leben wollen

Ein inspirierender praktischer Ratgeber mit wissenschaftlich fundiertem Hintergrundwissen sowie zahlreichen Tipps, lebendig und überzeugend geschrieben von Markus Rothkranz – dem leidenschaftlichsten und inspirierendsten Verfechter der Rohkosternährung.

223 Seiten, Broschur • Euro 18,90
ISBN 978-3-939570-88-2

Lernen Sie, Ihr Gesicht richtig zu lesen und sich selbst zu heilen

Schönheit und Jugend kommen im wahrsten Sinne von innen, denn unsere Haut und das Gesicht sind die Botschafter der Organe. Markus Rothkranz erklärt, welche Stelle unseres Gesichts mit welchem Organ oder Körperteil korrespondiert und wie wir selbst unsere Organe ohne großen finanziellen Aufwand heilen können.

219 Seiten, Broschur • Euro 18,90
ISBN: 978-3-86264-212-0

www.nietsch.de

Notizen: